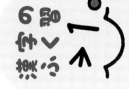

漢字を使おう
四年生で習った漢字

漢字ふく習 6

新しく使う、五年の教科書でふく習する漢字です。

JN111079

❶ 漢字の読みがなを書きましょう。

16点(一つ2)

① 牧 ちくについて学ぶ。（　　　）

② 料理 をする。（　　　）

③ 無線 を使う。（　　　）

④ 指標 を調べる。（　　　）

⑤ 芸 のうに会う。（　　　）

⑥ 京都を 観光 する。（　　　）

⑦ 井戸水 を飲む。（　　　）

⑧ 静 かな 湖 はん。

❷ あてはまる漢字を書きましょう。

32点(一つ4)

① ［し　け　ん］管

② ［さ　か　え　だ］街。

③ よい［き　よ　じょう］。

④ ［ろ　う　ど　う］者

⑤ ［は　う］りつ家

⑥ ［し　ょ　う　き］だな

⑦ ［り　く　ち］が見える。

⑧ ［ぎ　ち　ょ　う］になる。

↓こたえは べっさつ ↑ページ

3 読みがなを書きましょう。20点(1つ2)

① 花が散る。（　　）

② 折り紙（　　）

③ 梅ぼしを食べる。（　　）

④ 魚を焼く。（　　）

⑤ 話し合いの司会。（　　）

⑥ 弟が発熱する。（　　）

⑦ 伝記を読む。（　　）

⑧ 争いごとを無くす。（　　）

⑨ 街灯の光。（　　）

⑩ 軍隊の行進。（　　）

4 あてはまる漢字を書きましょう。32点(1つ4)

① 知事（ち じ）

② □会（はく）

③ □□国語（じ てん）

④ 水□□する（しょう／てん）

⑤ 本を□む。（よ）

⑥ 神社に□る。（お）

⑦ 皿を□す。（あら）

⑧ □の川。（い）

おにぎり石の伝説 (1)

時間 15分　合かく80点　/100

答え 99ページ

月　日

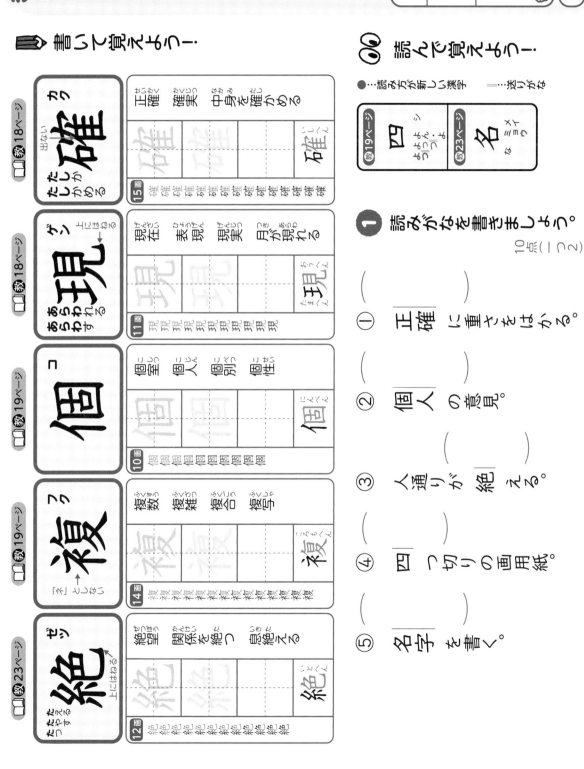

✏ 書いて覚えよう!

確（カク） 教18ページ　たしか・たしかめる　出ない　15画
正確　確実　中身を確かめる　確信

現（ゲン） 教18ページ　あらわす・あらわれる　上にはねる　11画
現在　表現　現実　月が現れる　現金

個（コ） 教19ページ　10画
個室　個人　個別　個性　個人

複（フク） 教19ページ　「ネ」としない　14画
複数　複雑　複合　複写　複文

絶（ゼツ） 教23ページ　たえる・たやす・たつ　上にはねる　12画
絶望　関係を絶つ　息が絶える　絶句

👀 読んで覚えよう!

●…読み方が新しい漢字　＝…送りがな

教19ページ　四　よ・よつ・よっつ・よん
教23ページ　名　な・ミョウ・メイ

1 読みがなを書きましょう。
10点(一つ2)

① 正確 に重さをはかる。

② 個人 の意見。

③ 人通りが 絶 える。

④ 四 つ切りの画用紙。

⑤ 名字 を書く。

2 あてはまる漢字を書きましょう。　90点（一つ10）

① □□に成功するよう準備する。

② われ物がないか、かばんの中を□かめる。

③ 息たえた悪役が、再びすがたを□す。

④ と□□理想の差をちぢめる。

⑤ レストランの□□で食事する。

⑥ □□の方法で実験してみる。

⑦ 大きく点差をつけられて、勝利は□□的だ。

⑧ そこを右に曲がれば図書館がある。

おにぎり石の伝説 (2)

時間	15分	
合かく80点		/100
答え	99ページ	
月	日	

✏ 書いて覚えよう。

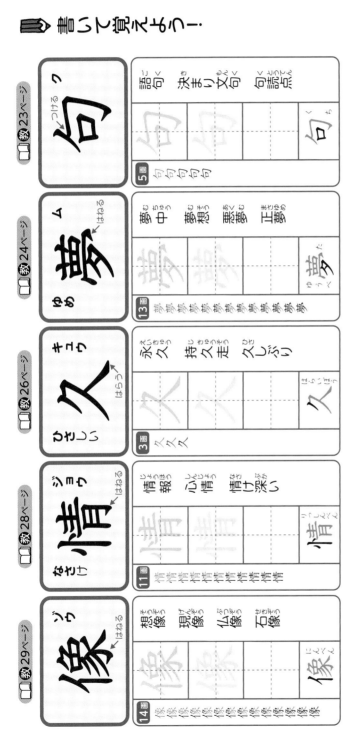

句 教23ページ
つける ク
語句 決まり文句 句読点
5画 句句句句句

夢 教24ページ
ゆめ ム はねる
夢中 夢想 悪夢 正夢
13画 夢夢夢夢夢夢夢夢夢夢夢夢夢

久 教26ページ
ひさしい キュウ はらう
永久 持久走 久しぶり
3画 久久

情 教28ページ
なさけ ジョウ はねる
情報 心情 情け深い
11画 情情情情情情情情情情情

像 教29ページ
ゾウ はねる
想像 現像 仏像 石像
14画 像像像像像像像像像像像像像像

❶ 読みがなを書きましょう。
28点(1つ4)

① 語句 の意味を知る。

② 悪夢 を見た。

③ 持久走 は苦手だ。

④ 情 報番組を見る。

⑤ 物語の続きを 想像 する。

⑥ 久 しぶりに登山する。

⑦ 父は 情 け深い。

↓うらのページに続くよ→

教科書 16～30ページ

5

⑧ カメラの写真を□□（げん・ぞう）する。

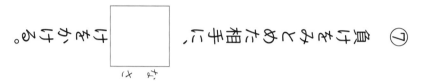

⑦ 負けをみとめた相手に、□（なさ）けをかける。

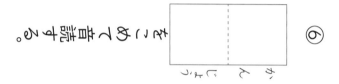

⑥ □□（かん・じょう）をこめて音読する。

⑤ 永（えい）い□□（せい・き）の平和を願う。

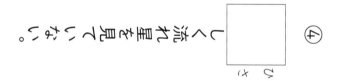

④ □（ひさ）しく流れ星を見たい。

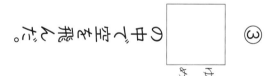

③ □（ゆめ）の中で空を飛んだ。

② 新しいアトラクションに□□（む・ちゅう）になる。

① 文章を書くときは、□□□□（く・とう・てん）に気をつける。

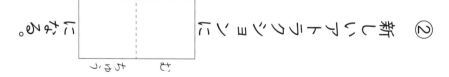

2 あてはまる漢字を書きましょう。

72点（1つ6）

6

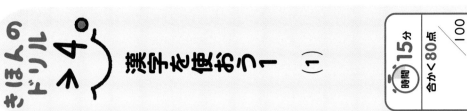

きほんのドリル

4 漢字を使おう1 (1)

サクッとこたえあわせ

時間 15分　合かく80点　／100　答え 99ページ

月　日

書いて覚えよう!

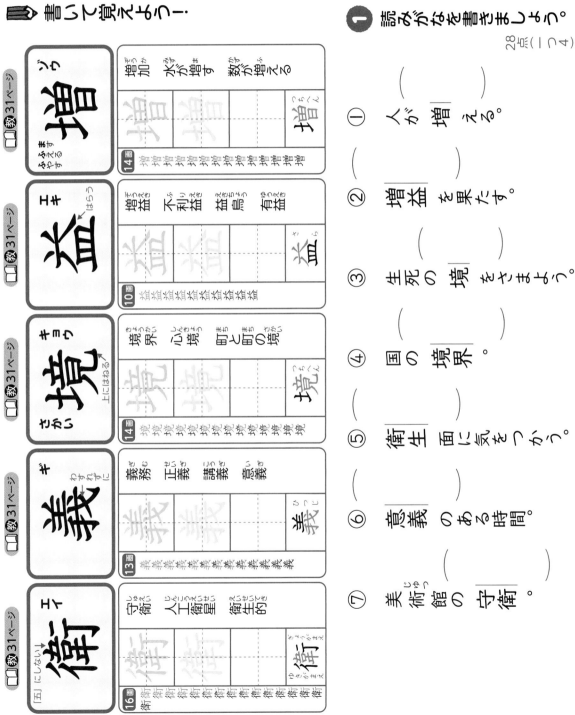

教 31ページ
ゾウ　ふ(える)　ま(す)　ふ(やす)
増
14画
増加　水が増す　数が増える
ぞうか　みずがます　かずがふえる
ぞうちく

教 31ページ
エキ　←はらう
益
10画
増益　不利益　益鳥　有益
ぞうえき　ふりえき　えきちょう　ゆうえき
えき

教 31ページ
キョウ　さかい　←上にはねる
境
14画
境界　心境　町と町の境
きょうかい　しんきょう　まちとまちのさかい
こっきょう

教 31ページ
ギ　わすれずに
義
13画
義務　正義　講義　意義
ぎむ　せいぎ　こうぎ　いぎ
ひつようにおうじて

教 31ページ
エイ　たてにしない
衛
16画
守衛　人工衛星　衛生的
しゅえい　じんこうえいせい　えいせいてき
まちがえないように

---

1 読みがなを書きましょう。

28点(1つ4)

① 人が増える。

② 増益を果たす。

③ 生死の境をさまよう。

④ 国の境界。

⑤ 衛生面に気をつかう。

⑥ 意義のある時間。

⑦ 美術館の守衛。

教科書 31ページ

↓うらのページに続くよ!

２ あてはまる漢字を書きましょう。

72点（1つ9）

① 大雨で近所の川が□□する。（ぞ・う・す・い）

② 会社の□□は、去年と同じくらいだ。（り・え・き）

③ □□な情報を手に入れる。（ゆ・う・え・き）　情報は＝じょう

④ □□にあるお店まで運転する。（け・ん・が・い）

⑤ クラスメイトの□□をたたえる。（こ・う・せ・き）

⑥ □□の味方であるヒーローにあこがれる。（せ・い・ぎ）

⑦ 人工□□の打ち上げに成功する。（え・い・せ・い）

⑧ □務教育は九年間だ。（ぎ）　務む＝む

8

時間 15分　合かく<80点　/100　答え 99ページ

書いて覚えよう！

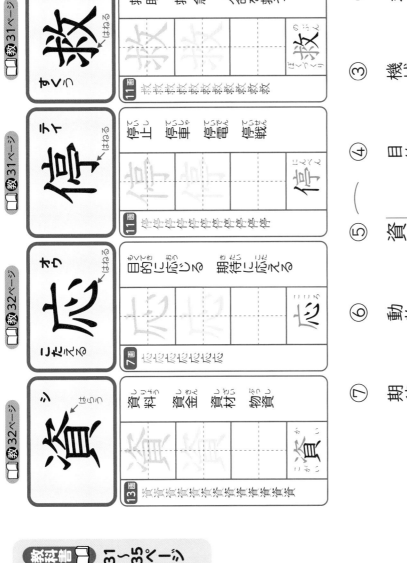

眼 ガン（数31ページ）
眼球　着眼　老眼鏡
11画　眼眼眼眼眼眼眼眼眼眼眼
眼（めがね）

救 キュウ／すくう　はねる（数31ページ）
救助　救急　人命を救う
11画　救救救救救救救救救救

停 テイ　はねる（数31ページ）
停止　停車　停電　停戦
11画　停停停停停停停停停停停

応 オウ／こたえる　はねる（数32ページ）
目的に応じる　期待に応える
7画　応応応応応応応

資 シ　はらう（数32ページ）
資料　資金　資材　物資
13画　資資資資資資資資資資資資資

❶ 読みがなを書きましょう。

28点（1つ4）

① おもしろい着眼点。

② 救急車が走る。

③ 機械の動きが停止する。

④ 目的に応じた方法。

⑤ 資料を活用する。

⑥ 動物の命を救う。

⑦ 期待に応えた行動。

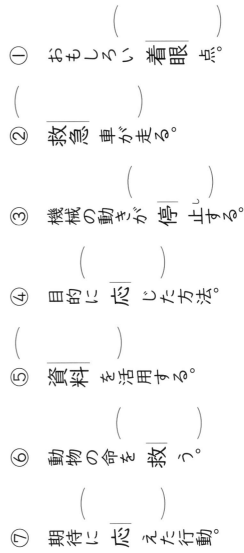

⑥「にたえる」を、「感」「考」に書きなおして文を完成させましょう。

⑧　家を建てるには多くの[　　]□□がひつよう必要だ。

⑦　トラックが[　　]□□□□の荷物を運ぶ。

⑥　委員長として、みんなの期待に[　]□だえる。

⑤　文章の主語と述語を[　　]□□□させる。

④　横断歩道の手前で[　　]□□□する。

③　犬が活やくする。[　]□□

② 　命を[　]□□、医師として働く。

① 　おばあさんの[　　]□□□をさがす。

2 あてはまる漢字を書きましょう。

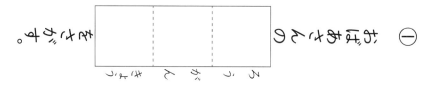

72点（1つ9点）

📖 書いて覚えよう！

	ザイ あ(る)	教33ページ	現在 実在 会議の在り方	6画 在在在在在
	サ 出る	教33ページ	調査 考査 査定 査察	9画 査査査査査査査査査
	ホウ むく(いる)	教33ページ	情報 報道 報告 予報	12画 報報報報報報報報報報報報
	トク え(る) うる	教38ページ	得意 得点 名声を得る	11画 得得得得得得得得得得得
	サイ きわ	教38ページ	実際 国際交流 交際	14画 際際際際際際際際際際際際際際

1 読みがなを書きましょう。

28点(1つ4)

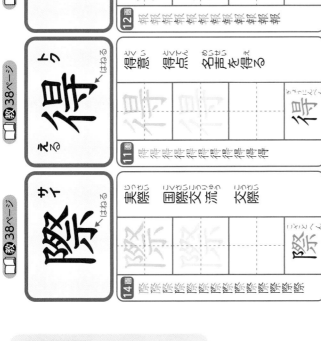

① 現在の時こく。

② 水質を調査する。

③ 結果を報告する。

④ 料理が得意だ。

⑤ 国際交流の機会。

⑥ 会議の在り方を考える。

⑦ 名声を得た教授。

2 あてはまる漢字を書きましょう。 72点(1問9)

① きょうりゅうが 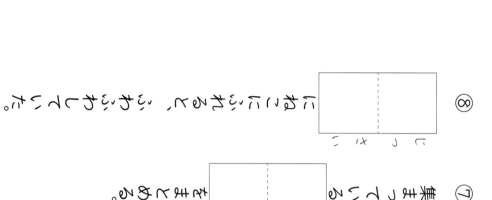 した時代を想像する。

② 研究所が野生動物を 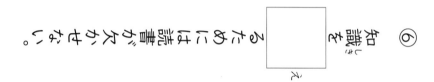 する。

③ 社員一人ひとりの働きぶりを 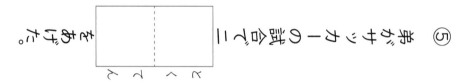 する。

④ 天気 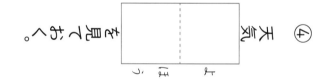 を見ておく。

⑤ 弟がサッカーの試合で  をあげた。

⑥ 知識を 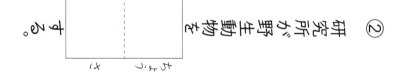 るためには読書が欠かせない。

⑦ 集まっている 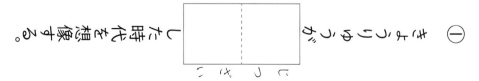 をまとめる。

⑧ に □□ れると、ふんがいした。

※⑧「おい」を「際」に書かないように注意しましょう。

12

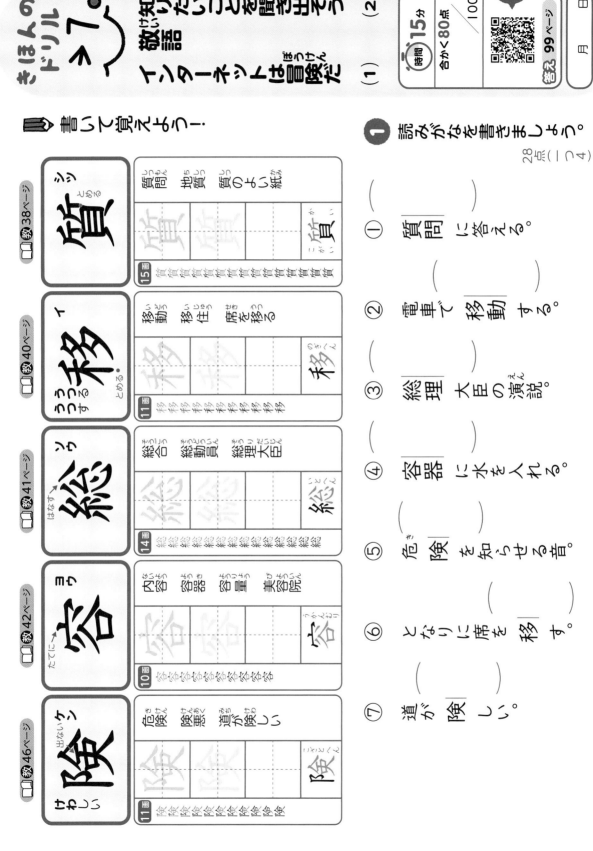

書いて覚えよう!

教38ページ	質 シツ とめる	質問　地質　質のよい紙	15画
教40ページ	移 イ うつる／うつす のぎへん とめる	移動　移住　席を移る	11画
教41ページ	総 ソウ はなす いとへん	総合　総動員　総理大臣	14画
教42ページ	容 ヨウ たてに かんむり	内容　容器　容量　美容院	10画
教46ページ	険 ケン けわしい 出ないケン こざとへん	危険　険悪　道が険しい	11画

1 読みがなを書きましょう。
28点(1つ4)

①（　　　　）質問に答える。

②（　　　　）電車で移動する。

③（　　　　）総理大臣の演説。

④（　　　　）容器に水を入れる。

⑤（　　　　）危険を知らせる音。

⑥（　　　　）となりに席を移す。

⑦（　　　　）道が険しい。

うらのページに続くよ！

⑧「うつ（す）」を、「写す」に書かないように注意しましょう。

⑧ 都を平安京に□□□（うつ）す。

⑦ □□（けわ）しい道を注意して進む。

⑥ スピーチで話す□□（ないよう）を事前に考えておく。

⑤ 危（き）□□（けん）な場所には近づかない。

④ □□□□（びよういん）で、かみを切る。

③ 全員の考えを□□□（せいり）して発表する。

② おじいさんが海外へ□□（りょこう）する。

① 学者に、□□（かんじ）の成り立ちを聞く。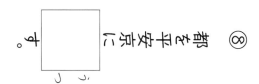

❷ あてはまる漢字を書きましょう。

72点（1つ6）

14

漢字
ドリル
8
インターネットは冒険だ (2)

時間 15分
合かく80点 /100
サクッと こたえ あわせ
答え 99ページ

月 日

✏️ 書いて覚えよう・

	所属	金属	配属	属性	
教47ページ **属** ゾク (はねる) | いしょぞく | きんぞく | はいぞく | ぞくせい | か 属 ね しかく 属ねる |
12画 属属属属属属属属属属属属

	武士	兵士	士気	力士	
教47ページ **士** シ 短く | ぶし | へいし | しき | りきし | さむらい 士 |
3画 士士

	混雑	油が混ざる	駅が混む		
教47ページ **混** コン (はねる) まじる まざる まぜる・こむ | こんざつ | あぶらがまざる | えきがこむ | | まぜる 混ぜる |
11画 混混混混混混混混混混混

	火災	災害	天災	人災	
教48ページ **災** サイ 同じ大きさ | かさい | さいがい | てんさい | じんさい | わざわ 災い |
7画 災災災災災災災

	原因	勝因	因果応報		
教49ページ **因** イン よる | げんいん | しょういん | いんがおうほう | | くにがまえ 因 |
6画 因因因因因因

1 読みがなを書きましょう。
28点(1つ4)

① 野球部に 所属 している。
（　　　　　）

② 士気 が上がる。
（　　）

③ 電車が 混雑 している。
（　　）

④ 災害 にそなえる。
（　　）

⑤ 事件の 原因 を調べる。
（　　　　）

⑥ 油が 混 ざる。
（　　）

⑦ 図書館が 混 んでいる。
（　　）

⑤「キ」と読む漢字はたくさんあります。意味に合うものを選びましょう。

2 あてはまる漢字を書きましょう。 72点(1つ6)

① □□を加えてラップトップを作る。
（き・かん・へん）

② □□が土じょうにある。
（り・し）

③ 全学年の□□□のチームがある。
（い・いん・かい）

④ 赤の絵の具と白の絵の具を□ぜる。
（ま）

⑤ この世の中は□□□□にみちた。
（い・ぎ・ん・て）

⑥ □□□関係はつづきません。
（か・ん・けい）

⑦ あきらめなかったことが今日の試合の□□□□だ。
（し・ょ・う・り）

⑧ 姉はテニス部に□□している。
（しょ・ぞ・く）

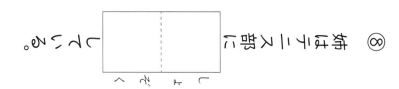

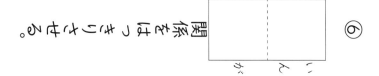
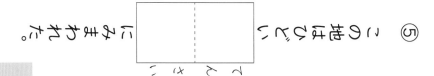

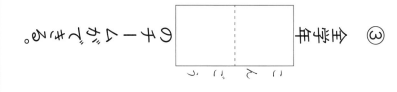
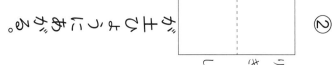
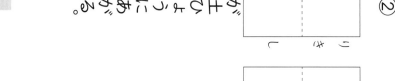
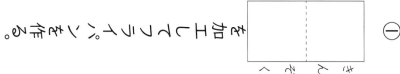

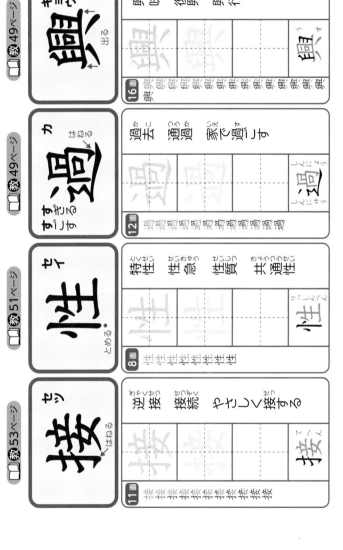

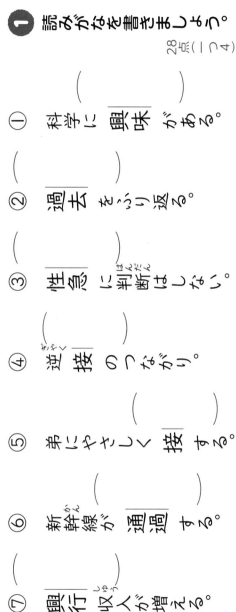

書いて覚えよう

□教49ページ　キョウ コウ（おこる/おこす）
興

興味　復興　興行　16画
興興興興興興興興興興興興興興興興

□教49ページ　カ（すぎる/すごす/あやまつ/あやまち）
過

過去　通過　家で過ごす　12画
過過過過過過過過過過過過

□教51ページ　セイ ショウ
性

特性　性急　性質　共通性　8画
性性性性性性

□教53ページ　セツ（はねる）
接

逆接　接続　やさしく接する　11画
接接接接接接接接接接接

1 読みがなを書きましょう。

28点(1つ4)

① 科学に興味がある。

② 過去をふり返る。

③ 性急に判断はしない。

④ 逆接のつながり。

⑤ 弟にやさしく接する。

⑥ 新幹線が通過する。

⑦ 興行収入が増える。

「興」の上の部分に気をつけよう。

2 あてはまる漢字を書きましょう。 72点(1つ9)

① 弟は電車に 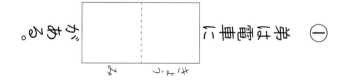（きょう み）がある。

② （ふく しゅう）することを願う。

③ 家で読書をして 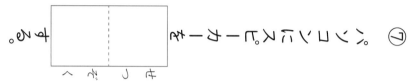（す）ごすのが好きだ。

④ 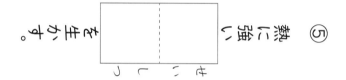（に か）には、同じことが起きていたようだ。

⑤ 熱に強い （せ い し つ）を生かす。

⑥ フクロウは、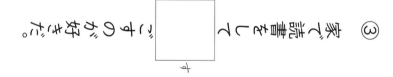（や こう せい）の鳥だ。

⑦ パソコンにスピーカーを 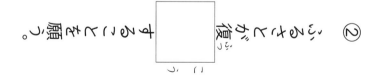（せ つ ぞく）する。

⑧ 言ったことは 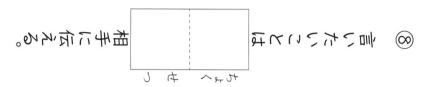（ちゃん と）相手に伝える。

まとめドリル 10

おにぎり石の伝説／インターネットは冒険だ

時間 20分

合かく80点

/100

答え 99ページ

月 日

1 読みがなを書きましょう。

48点(1つ4)

① 遠足の持ち物について 質問 する。（　　　　）

② 新商品が大きな 利益 を生む。（　　　　）

③ ライオンのするどい 眼光。（　　　　）

④ 休日はどのお店も 混 んでいる。（　　　　）

⑤ 総合 点で一位になる。（　　　　）

⑥ 義理 にはずれた行いをしない。（　　　　）

⑦ 複数 の 資料 を読む。（　　　　）（　　　　）

⑧ 過去 をふまえて 現在 や未来について考える。（　　　　）（　　　　）

⑨ 確 かな 情報 を手に入れる。（　　　　）（　　　　）

2 あてはまる漢字を書きましょう。

52点（1つ4）

① □□（よう・き）にジュースを注ぐ。

② 理科室に□□（じっ・けん）する。

③ 人工□□（えい・せい）を打ち上げる。

④ あこがれの生活を□□（じっ・かん）する。

⑤ □□（こ・せい）的なキャラクターを□（きおく）におさえた。

⑥ 強い相手との対戦に□□（し・き）が上がる。

⑦ □□（じっ・けん）の結果はとても□□（きょう・み）深い。

⑧ □□（か・せい）の□□（じっ・けん）を調べる。

⑨ □□（きゅう・きゅう）車が□□（げん・ば）を走る。

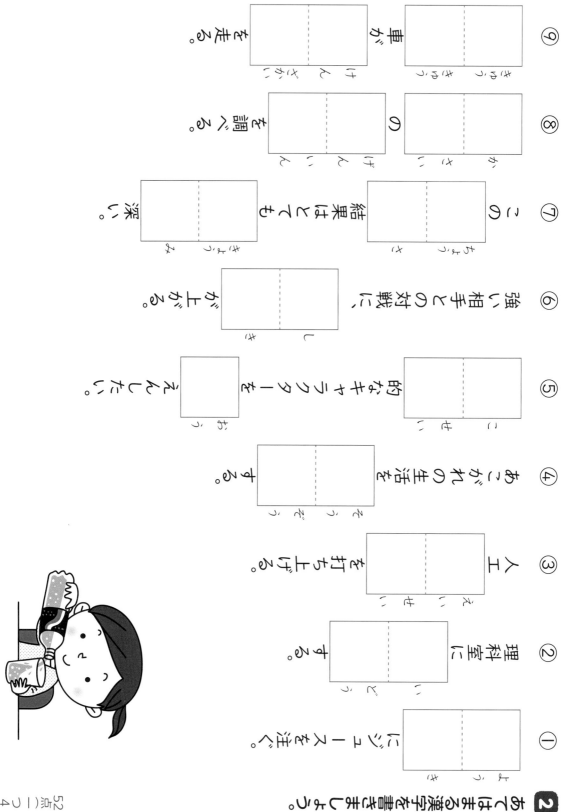

漢字を使おう2

✏ 書いて覚えよう!

教55ページ
示（ジ・しめす）〔はねる〕
指示　提示　手本を示す
5画　示示示示

教55ページ
禁（キン）〔出ない〕
禁止　解禁　遊泳を禁じる
13画

教55ページ
雑（ザツ・ゾウ）〔上にはねる〕
雑談　雑貨　雑木林
14画

教55ページ
酸（サン）〔「西」ではない〕
二酸化炭素　酸味　炭酸
14画

教55ページ
独（ドク・ひとり）〔出る〕
独特　独立　独りよがり
9画

👀 読んで覚えよう!

●…読み方が新しい漢字　＝…送りがな

教55ページ
止（シ）とまる・とめる

1 読みがなを書きましょう。

20点(一つ4)

① リーダーの指示を聞く。（　　　）

② 遊泳を禁じる。（　　　）

③ 雑貨をあつかう店。（　　　）

④ 炭酸飲料を好む。（　　　）

⑤ 独特なリズム。（　　　）

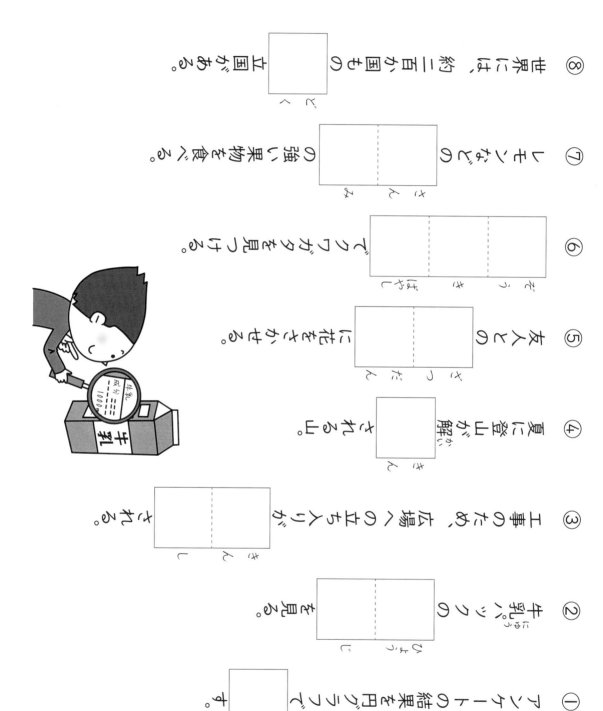

さんこう ⑦「ようは」は、二画目を動かすようにご注意しましょう。

2 あてはまる漢字を書きましょう。　80点(1つ10)

① アンケートの結果を円グラフで□（しめ）します。

② 牛乳パックの□（ひょうじ）を見る。

③ 工事のため、しばらく広場の立ち入りが□（きんし）される。

④ 夏に登山が解□（きん）される山。

⑤ 友人の□（にわ）に花をさかせる。

⑥ □（ぞうきばやし）でカブトムシを見つける。

⑦ レモンなどの□（さんみ）の強い果物を食べる。

⑧ 世界には、約二百か国もの□（どく）立国がある。

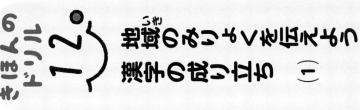

地域のみりょくを伝えよう
漢字の成り立ち （1）

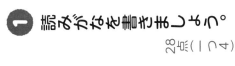

時間 15分
合かく80点 /100
答え 100ページ

月 日

書いて覚えよう！

1 読みがなを書きましょう。

28点（1つ4）

① 記事の 構成 を考える。

② 本で 知識 を増やす。

③ 清潔 なハンカチ。

④ 今と過去を 対比 する。

⑤ 大きな 河 が流れる。

⑥ 新しく店を 構える。

⑦ 運河 を行きかう船。

教科書 58〜65ページ

2 あてはまる漢字を書きましょう。

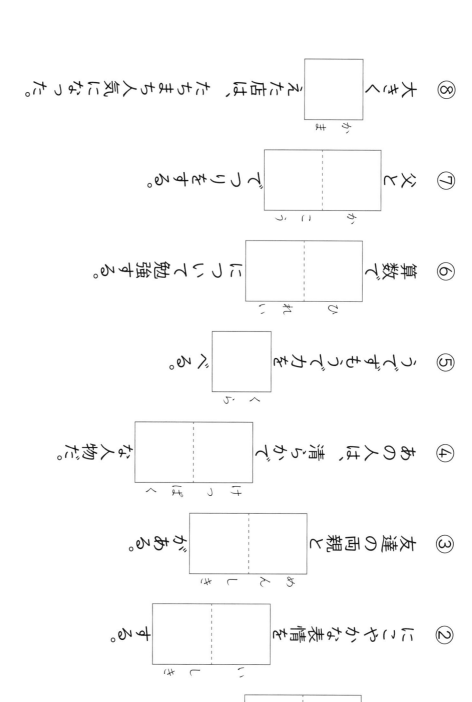

① 作文の □□ を練る。

② にこやかな表情を □□ する。

③ 友達の両親と □□ がある。

④ あの人は、清らかで □□ な人物だ。

⑤ うごくものをつかむ □ 。

⑥ 算数で □□ について勉強する。

⑦ 父と □□ ぐりをする。

⑧ 大きな □ えた店は、たちまち人気になった。

時間 15分
合かく 80点
／100

サワッとこたえあわせ

答え 100ページ

月　日

書いて覚えよう!

□教 65ページ

精 セイ はねる

精神 せいしん	精米 せいまい	精を出す せいをだす
		精げん

14画 精精精精精精精精精精精精精精

□教 65ページ

版 ハン おる

版画 はんが	出版 しゅっぱん	木版 もくはん	初版 しょはん
			版だん

8画 版版版版版版版版

□教 68ページ

勢 セイ いきおい 上にはねる

形勢 けいせい	情勢 じょうせい	勢いづく いきおいづく
		勢力 ちから

13画 勢勢勢勢勢勢勢勢勢勢勢勢勢

□教 70ページ

織 ショク おる 上にはねる

組織 そしき	はたを織る はたをおる
	織くん こくん

18画 織織織織織織織織織織織織織織織織織織

□教 70ページ

紀 キ 上にはねる

紀行文 きこうぶん	世紀 せいき	紀元前 きげんぜん
		紀くん こくん

9画 紀紀紀紀紀紀紀紀紀

❶ 読みがなを書きましょう。

28点(一つ4)

① 武士の 精神。（　　　）（　　　）

② 本を 出版 する。（　　　）

③ 形勢 を 逆転 する。

④ 大きな 組織。（　　　）

⑤ 今は 二十一 世紀 だ。（　　　）

⑥ チームが 勢い づく。（　　　）

⑦ つるがはたを 織る。（　　　）

↓うらのページにつづくよ!

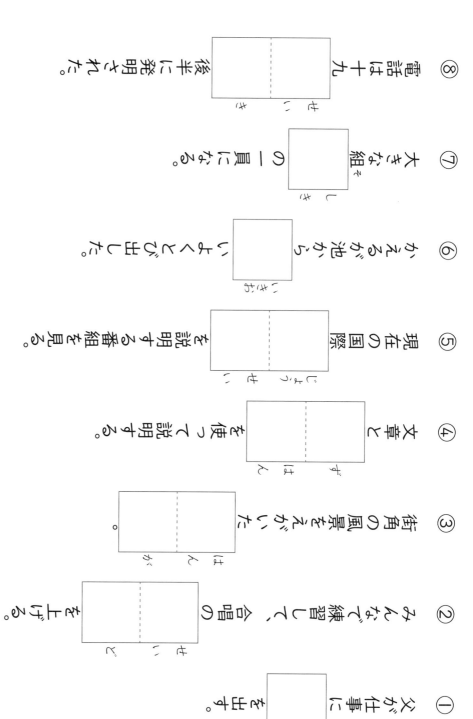

2 あてはまる漢字を書きましょう。

① 父が仕事に□（せい）を出す。

② みんなで練習して、合唱の□□（せい・ど）を上げる。

③ 街角の風景を□□□（は・ん・が）えがいた。

④ 文章と□□（す・は・ん）を使って説明する。

⑤ 現在の国際□□□（じ・せ・い）を説明する番組を見る。

⑥ かえるが池から□□□（こ・せ・い）ととび出した。

⑦ 大きな組を□□（し・き）の一員になる。

⑧ 電話は十九□□（せ・い・き）後半に発明された。

📖 書いて覚えよう！

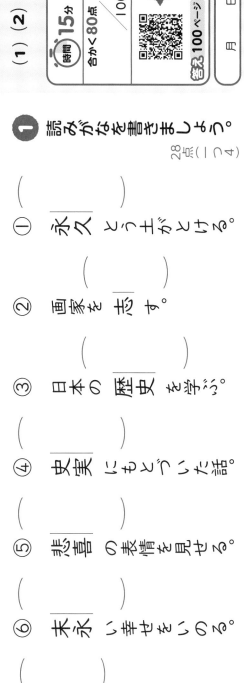

1 読みがなを書きましょう。

28点(一つ4)

① （　　　）永久 とう土がとける。

② 画家を（　　　）志す。

③ 日本の（　　　）歴史を学ぶ。

④ （　　　）史実にもとづいた話。

⑤ （　　　）悲喜の表情を見せる。

⑥ （　　　）末永い幸せをいのる。

⑦ （　　　）喜びの声が聞こえる。

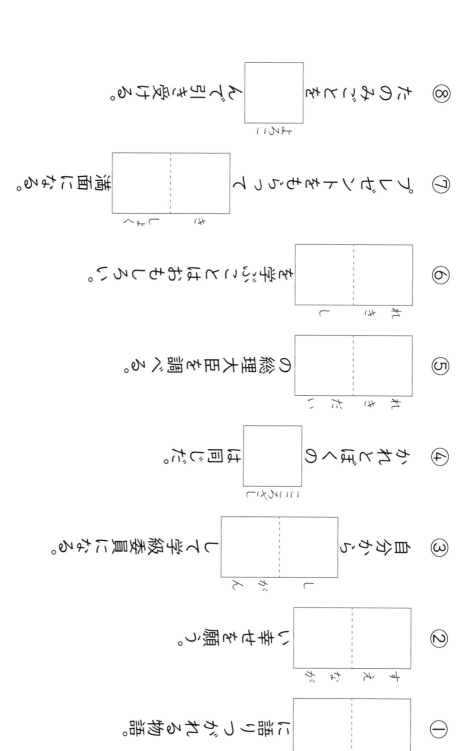

2 あてはまる漢字を書きましょう。

① □□に語りつがれる物語。（えい／きゅう）

② □□い幸せを願う。（すえ／なが）

③ 自分から□□して学級委員になる。（し／がん）

④ かれくんとぼくの□は同じだ。（こきょう）

⑤ □□の総理大臣を調べる。（れき／だい）

⑥ □□をべんきょうしたい。（れき／し）

⑦ プ□□ントをもらって満面になる。（き／へん）

⑧ たのみを□で引きうける。（ちゅう）

(7)(8)「お」「ちい（さい）」は、横画の本数が多いので、正しく書くように注意しましょう。

時間 15分
合かく80点
／100

サクッとこたえあわせ

答え 100ページ

月 日

書いて覚えよう!

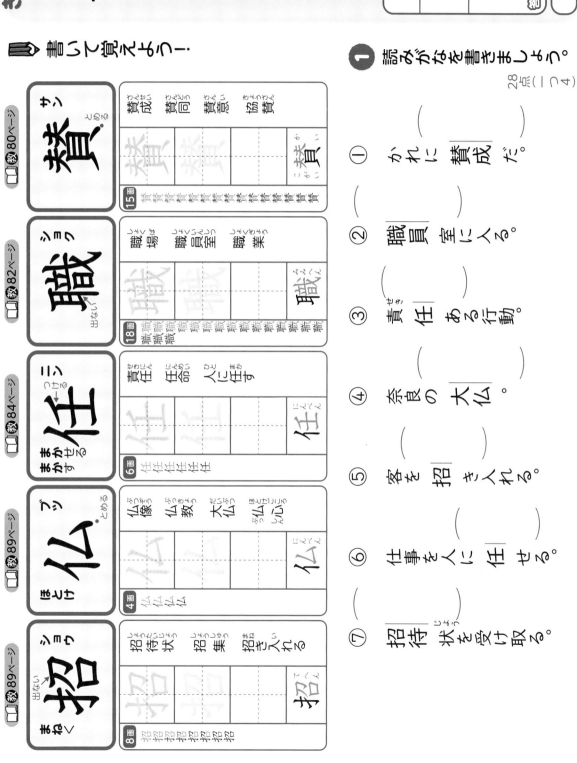

【数 80ページ】

サン
とめる

賛

賛成い 賛同う 賛意 協賛

15画 賛賛賛賛賛賛賛賛賛賛賛賛賛賛賛

【数 82ページ】

ショク
出ない

職

職場は 職員室 職業う

18画 職職職職職職職職職職職職職職職職職職

【数 84ページ】

ニン
まかせる
まかす

任

責任き 任命い 人に任す

6画 任任任任

【数 89ページ】

ブツ
ほとけ
とめる

仏

仏像う 仏教う 大仏 ぶっぴ仏ほう仏ぴ仏

4画 仏仏仏

【数 89ページ】

ショウ
出ない
まねく

招

招待状う 招集 招き入れる

8画 招招招招招招招招

1 読みがなを書きましょう。

28点(1つ4)

① かれに 賛成 だ。
（　　　　　）

② 職員 室に入る。
（　　　　　）

③ 責任 ある 行動。
（　　　　　）

④ 奈良の 大仏。
（　　　　　）

⑤ 客を 招 き入れる。
（　　　　　）

⑥ 仕事を人に 任 せる。
（　　　　　）

⑦ 招待 状を受け取る。
（　　　　　）

2 あてはまる漢字を書きましょう。

① わたしのていあんに、みんなが□□□してくれた。

② 母の□□には、大型犬（おおがたけん）がついてきます。

③ □□のアンケートを友人にたのむ。

④ グループの□□□にえらばれる。

⑤ 近所のお寺には、大きな□□□□がある。

⑥ ひさしぶりに祖母（そぼ）がたずねてきたので、□□の顔も三度（みたび）見てうれしかった。

⑦ たん生日パーティーに□かれる。

⑧ 県の代表チームに□□される。

書いて覚えよう！

教89ページ　ジョウ　状（とめる）	年賀状 / 現状 / 状態				状（ね）
	7画　状状状状状				
教89ページ　サツ（上にはねる）殺（ころす・ころる）	殺風景 / 殺虫ざい / 念を殺す				殺（ほろこうすりがな）
	10画　殺殺殺殺殺殺殺殺殺殺				
教89ページ　タイ　態「心」ではない	実態 / 態度 / 生態 / 形態				態（こころ）
	14画　態態態態態態態態態態態態態態				
教90ページ　カ　仮（はらう）（かり）	仮定 / 仮説 / 仮の話				仮（にせん）
	6画　仮仮仮仮仮				
教90ページ　ダン　断（とめる）（ことわる）	油断 / 決断 / さそいを断る				断（おくりがな）
	11画　断断断断断断断断断断断				

読んで覚えよう！

●…読み方が新しい漢字　＝…送りがな

教89ページ　ガイ　外（そと・ほか・はずす・はずれる・はずる）	

1 読みがなを書きましょう。
20点(1つ4)

① 年賀 状 を書く。
（　　　　　）

② 殺虫 ざいをまく。
（　　　　　）

③ 態度 で示す。
（　　　　　）

④ 仮 の話をする。
（　　　　　）

⑤ 思いの 外 当たらない。
（　　　　　）

↓うらのページに続くよ！

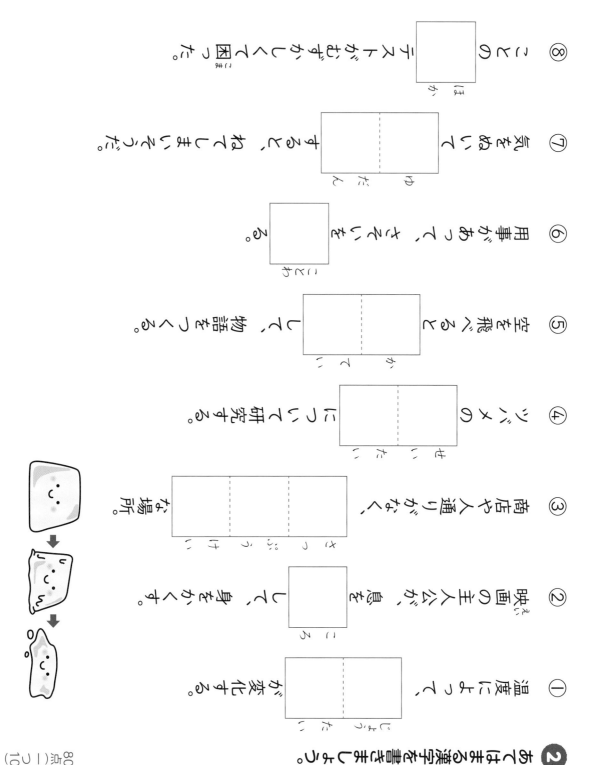

カンジ ⑤「か」は、「な」が「後」などに変わることに注意しましょう。

2 あてはまる漢字を書きましょう。　80点(1つ10)

① 温度によって、□□□が変化する。

② 映画の主人公が、□□して、身をかくす。

③ 商店や人通りが少ない、□□□□□な場所。

④ □□□□のメンバーについて研究する。

⑤ 空を飛べると□□□して、物語をつくる。

⑥ 用事があって、□□□をことわる。

⑦ 気をぬいて□□□すると、けいをしてしまった。

⑧ □□のテストがむずかしくて困った。

32

思考に関わる言葉 (2)
新聞記事を読み比べよう (1)

時間 15分
合かく80点
/100
サクッと
こたえ
あわせ
答え 100ページ
月 日

📝 書いて覚えよう！

教90ページ	判 ハン はねる	判定 判断 判明 評判
教91ページ	測 ソク はかる	計測 予測 水深を測る
教91ページ	条 ジョウ	条件 条約 信条 条理
教94ページ	常 ジョウ つね とこ	常識 日常生活 常日ごろ
教94ページ	均 キン	平均 均等 均質 均整

1 読みがなを書きましょう。

28点(一つ4)

① 評判 のよい店。

② 川の水深を測 る。

③ 条 件を達成する。

④ 日常 生活を送る。

⑤ 平均 より高い。

⑥ 常 日ごろ思うこと。

⑦ 重さを計測 する。

⬇ つぎのページに続くよ！

ヒント ③「へ(る)」④「はか(る)」は、「遍」や「画」、「同」と書かないように注意しましょう。

2 あてはまる漢字を書きましょう。

72点(1つ6)

34

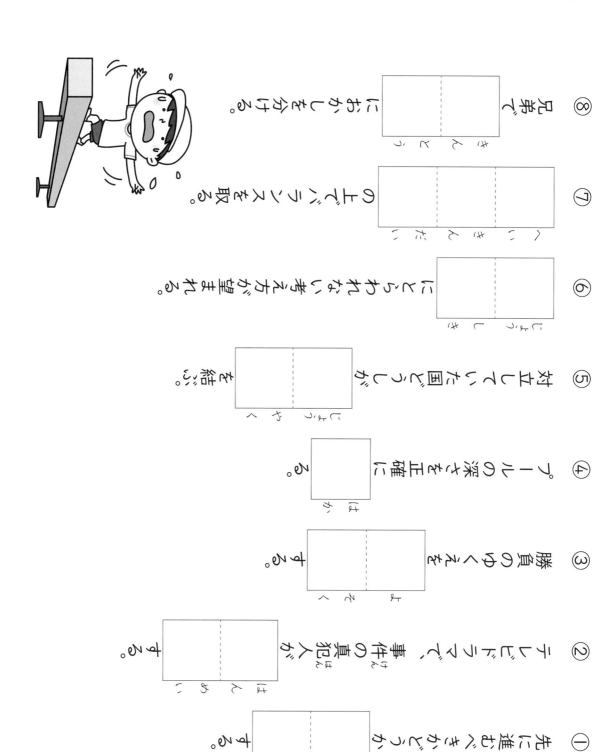

① 先に進むじゅんばんを◻◻(はんだん)する。

② テレビのニュースで、事件の真犯人が◻◻(はんめい)する。

③ 勝負のゆくえを◻◻(よそく)する。

④ プールの深さを正確に◻(はか)る。

⑤ 対立していた国どうしが◻◻(じょうやく)を結ぶ。

⑥ 他人にとらわれない◻◻(こうへい)な考え方が◻(のぞ)まれる。

⑦ ◻◻◻(へいきんだい)の上のごみを取る。

⑧ 兄弟で◻◻(びょうどう)におかしを分ける。

新聞記事を読み比べよう (2)

(時間)15分
合かく80点
/100
サクッと
こたえ
あわせ
答え100ページ
月　日

📖 書いて覚えよう!

件 ケン	事件	用件	物件	案件		件にけん
6画 件件件件						

□教95ページ　出る

故 コ 図にしない	事故	故意	温故	故知	新		故のぶん
9画 故故故故故故故							

□教95ページ

政 セイ 図としない	政治	政見	政府	行政		政のぶん
9画 政政政政政政						

□教95ページ

編 ヘン あむ 用ではない	編集	長編	編成	編み物の		編ごとくん
15画 編編編編編編編編編編編編						

□教95ページ

刊 カン はねる	朝刊	刊行	週刊	増刊		刊リつう
5画 刊刊刊刊						

□教97ページ

1 読みがなを書きましょう。

28点(1つ4)

① 電話で 用件 を述べる。
（　　　　　）

② 交通 事故 が起こる。
（　　　　　）

③ 政治 について学ぶ。
（　　　　　）

④ 長編 小説を読む。
（　　　　　）

⑤ 朝刊 に目を通す。
（　　　　　）

⑥ 編 み物がしゅみだ。
（　　　　　）

⑦ 週刊 誌を買う。
（　　　　　）

2 あてはまる漢字を書きましょう。 72点(1つ9)

① 〔　〕(じ・け・ん)が解決して安心する。

② 〔　〕(こ・い)ではなく、不注意で花びんをわってしまいました。

③ 親の〔　〕(お・ん)について、いろいろなことを学んだ。

④ 家について〔　〕(せ・い・じ)のニュースを見る。

⑤ テレビで〔　〕(せ・い・け・ん)放送を見る。

⑥ 旅先で五両〔　〕(い・へ・ん・せ)の電車に乗る。

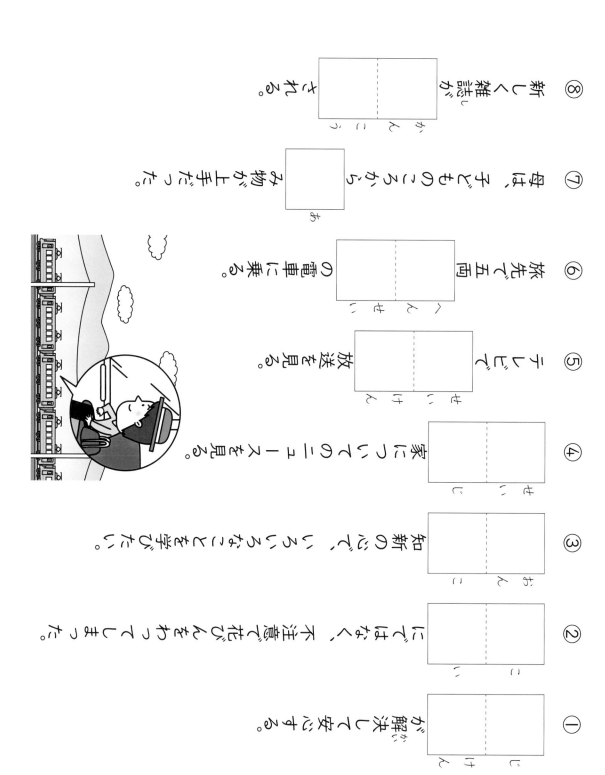

⑦ 母は、子どものころから〔　〕(あ)み物が上手だった。

⑧ 新しく雑誌が〔　〕(か・ん・こ・う)される。

まとめ
ドリル
6

19
漢字を使おう2〜
新聞記事を読み比べよう

時間 20分
合かく 80点
/100

サクッと
こたえ
あわせ

答え 100ページ

月　日

1 読みがなを書きましょう。　　　　　　　　48点(1つ4)

① 運動会の日は晴れると（ 仮定 ）する。

② 職人 （　　　）のすぐれた仕事。

③ 常温 （　　　）の水で薬を飲む。

④ 兄の考えに賛同 （　　　）する。

⑤ 有名な紀行文 （　　　）を書いた人物。

⑥ ここではカメラの使用を禁止 （　　　）しています。

⑦ 勢 （　　）いよく版画 （　　　）をほる。

⑧ 実験が成功といえる条件 （　　　）を示 （　　　）す。

⑨ 高い志 （　　　）をもつ人物をリーダーに任命 （　　　）する。

↓ うらのページに続くよ →

2 あてはまる漢字を書きましょう。［　］には送りがなを書きましょう。

52点（1つ4）

① 卒業文集を□（へんしゅう）する。

② □（だいきん）飲料を買う。

③ ケーキを□（きんとう）に分ける。

④ 日本の□（れきし）を学ぶ。

⑤ 今日は身体□（そくてい）の日だ。

⑥ □（ほとけ）のような□（せいしん）を身につける。

⑦ □（じしん）が起きたときの□（じこく）を記録する。

⑧ 日本と外国の□（せいじ）のしくみをくら［　］べる。

⑨ □（お）り物が完成して□［　］よろこぶ。

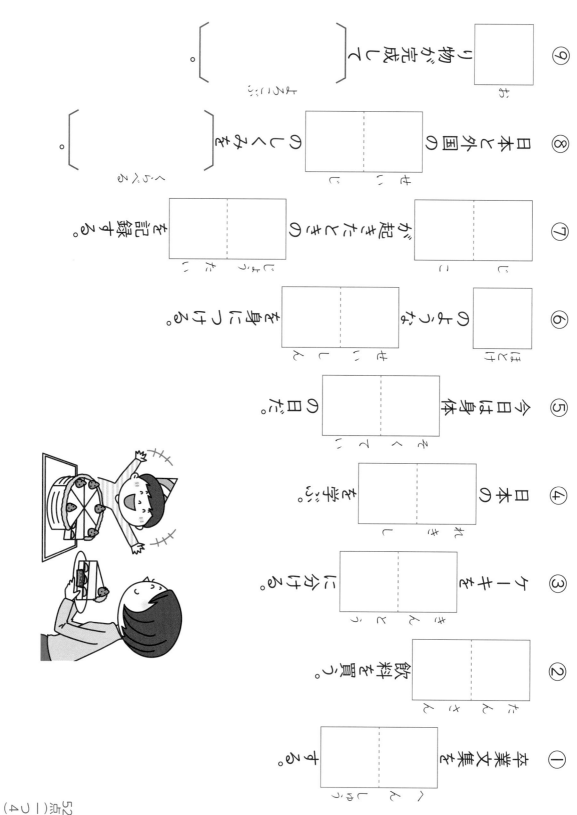

四月から七月に習った 漢字と言葉

| 時間 20分 | 合かく80点 | /100 |

サクッとこたえあわせ

答え100ページ

月　日

---

❶ 読みがなを書きましょう。　16点(1つ2)

① 判断をせまられる。（　）

② 四つ葉のクローバー。（　）

③ 国際的なもよおし。（　）

④ 高潔なすがたを見せる。（　）

⑤ 実力差は歴然だ。（　）

⑥ 売り上げが倍増する。（　）

⑦ 発表会の招待状。（　）

⑧ オスとメスを識別する。（　）

❷ あてはまる漢字を書きましょう。〔　〕には漢字とひらがなを書きましょう。　24点(1つ3)

① 数を ［きんとう］ にする。

② 〔けわしい〕 山道。

③ ［ちょうかん］ を読む。

④ ［おうきゅう］ 手当をする。

⑤ 大臣が ［じにん］ する。

⑥ 南国に ［えいじゅう］ する。

⑦ ［どくとく］ な話し方。

⑧ ［ふくざつ］ な計算。

3 次の漢字の成り立ちを、あとからそれぞれ選び、記号で書きましょう。24点(1つ3)

① 個（　　　）　⑤ 下（　　　）
② 末（　　　）　⑥ 明（　　　）
③ 鳴（　　　）　⑦ 馬（　　　）
④ 魚（　　　）　⑧ 救（　　　）

ア 物の形をかたどったもの（象形文字）。
イ 事がらを表す印などを合わせて表したもの（指事文字）。
ウ 意味を表す漢字を組み合わせたもの（会意文字）。
エ 音を表す漢字と、意味を表す部分を合わせたもの（形声文字）。

4 次の各文に、まちがっている漢字が一つずつあります。正しい漢字を書きましょう。24点(1つ3)

まちがい　→　正しい

① 山の標高や植生を調査して気候を予側する。　□→□

② 知職の無さや判断のおくれが敗因だ。　□→□

③ 通常では、やはり現地からおくられる最新情報が直説として明せつとへ。　□→□

④ 二十世紀後半には、人工衛星は発明された。　□→□

5 次の□に共通してあてはまる漢字を書きましょう。12点(1つ3)

① □語・□文・□点　　□語・□器・□量

② □内　　

③ □品・□問・□物　　□用・□対・□答

④ □文・□点・□語

（時間）15分
合かく80点
／100

サクッと
こたえ
あわせ

答え101ページ

月　日

 書いて覚えよう・

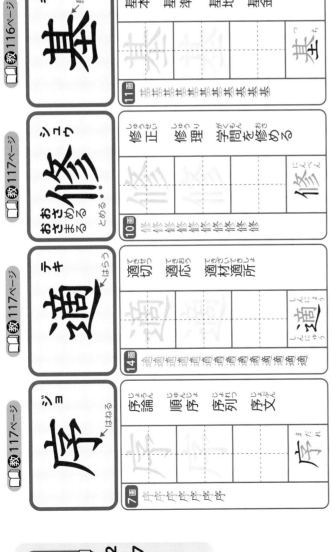

	ジョウ ゾウ	
教113ページ	象 つける	印象 いんしょう　対象 たいしょう　インド象 ぞう

12画 象象象象象象象象象象象象

	キ 長く	
教116ページ	基	基本 きほん　基準 きじゅん　基地 きち　基金 ききん

11画 基基基基基基基基基基基

	シュウ おさめる おさまる とめる	
教117ページ	修	修正 しゅうせい　修理 しゅうり　学問を修める がくもんをおさめる

10画 修修修修修修修修修修

	テキ はらう	
教117ページ	適	適切 てきせつ　適応 てきおう　適材 てきざい　適所 てきしょ

14画 適適適適適適適適適適適適適適

	ジョ はねる	
教117ページ	序	序論 じょろん　順序 じゅんじょ　序列 じょれつ　序文 じょぶん

7画 序序序序序序序

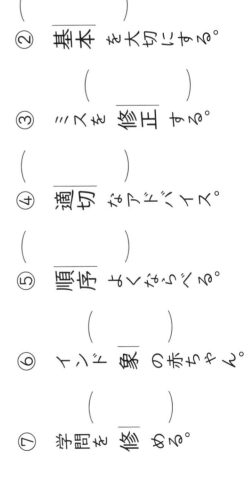

1 読みがなを書きましょう。

28点(1つ4)

① 明るい 印象 を受ける。

② 基本 を大切にする。

③ ミスを 修正 する。

④ 適切 なアドバイス。

⑤ 順序 よくならべる。

⑥ インド象 の赤ちゃん。

⑦ 学問を 修 める。

②動物の「ぞう」を「像」と書かないように注意しましょう。

2 あてはまる漢字を書きましょう。
72点(1つ9)

① このおもちゃは五さい以上が□□（たいしょう）だ。

② 動物園で、三頭の□（ぞう）のスケッチをえがいた。

③ 水泳の□□（きほん）を学ぶ。

④ こわれた自転車を□□（しゅうり）に出す。

⑤ 大学に進学して、フランス語を□（おさ）める。

⑥ 新しいかんきょうに□□（てきおう）する。

⑦ 温かいスープに□□（てきりょう）の調味料を入れる。

⑧ 番号を正しく□□（じゅんじょ）にならべる。

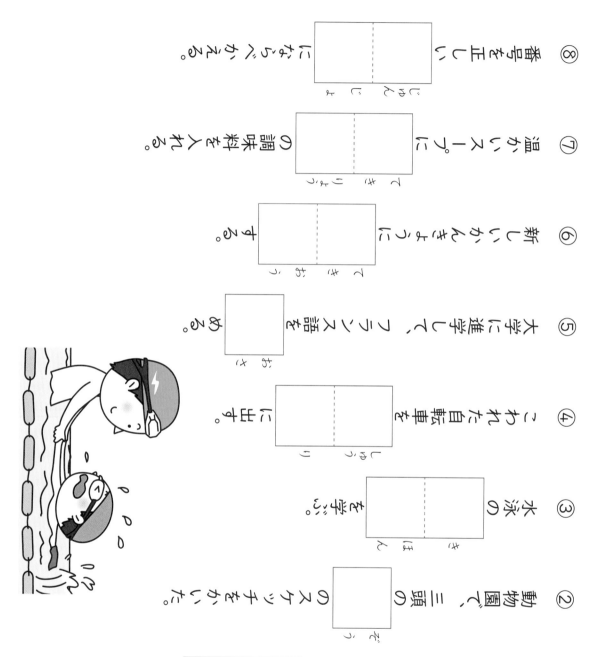

きほんのドリル 22

問題を解決するために話し合おう 漢字を使おう4 （1）

時間 15分　合かく80点　／100

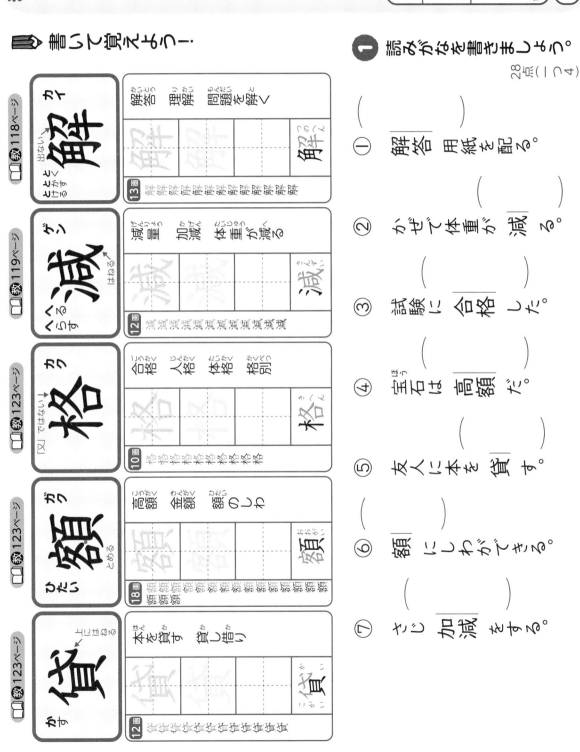

答え 101ページ

✎ 書いて覚えよう！

解 カイ／とく・とける・とかす　13画　出ない　教118ページ
解答（かいとう）／理解（りかい）／問題を解く（もんだいをとく）／解く（とく）

減 ゲン／へる・へらす　12画　教119ページ
減量（げんりょう）／加減（かげん）／体重が減る（たいじゅうがへる）／減る

格 カク・コウ　10画　［図］ではない　教123ページ
合格（ごうかく）／人格（じんかく）／体格（たいかく）／格別（かくべつ）

額 ガク／ひたい　18画　教123ページ
高額（こうがく）／金額（きんがく）／額のしわ（ひたいのしわ）／額（ひたい）

貸 タイ／かす　12画　上にはねる　教123ページ
本を貸す（ほんをかす）／貸し借り（かしかり）

❶ 読みがなを書きましょう。

28点（1つ4）

① 解答用紙を配る。

② かぜで体重が減る。

③ 試験に合格した。

④ 宝石は高額だ。

⑤ 友人に本を貸す。

⑥ 額にしわがよる。

⑦ さじ加減をする。

教科書 118～123ページ

→つぎのページも続くよ

なまえ

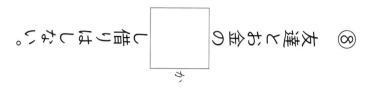

① 「か」② 「つ(へ)」は、右側の上の部分が「力」になるように注意しましょう。

⑧ 友達とお金の □ し借りはしない。
（か）

⑦ 完成したパズルを □ に入れてかざる。
（が く）

⑥ ハンカチで □ のあせをぬぐう。
（ひ たい）

⑤ このラーメンの味は □□ だ。
（か く べ つ）

④ 食べ残しを □ らすように努力する。
（へ）

③ 日本は、人口が年々 □□ している。
（げ ん しょう）

② むずかしい問題を □ くことができて喜ぶ。
（と）

① 用紙が配られたら、最初に名前を書く。
（か い ふ）

2 あてはまる漢字を書きましょう。

きほんのドリル

23

漢字を使おう4 (2)

時間 15分
合かく 80点
／100

答え 101ページ

サワッと こたえ あわせ

月 日

✏️ 書いて覚えよう・

教123ページ	ヒン 「今」としない まずしい **貧**	貧びんぼうくじ 貧まずしい心						三が くわ **貧**
		貧	貧					11画 貧貧貧貧貧貧貧貧貧貧貧

教123ページ	ジュン 長く **準**	基準きじゅん 水準すいじゅん 準備じゅんび 準決勝じゅんけっしょう						さだ **準**
		準	準					13画 準準準準準準準準準準準準準

教123ページ	ボ はか 長く **墓**	墓地ぼち 墓前ぼぜん 墓石はかいし 墓参りはかまいり						は **墓**
		墓	墓					13画 墓墓墓墓墓墓墓墓墓墓墓墓墓

教123ページ	ソ 出る **祖**	先祖せんぞ 祖母そぼ 祖父そふ 元祖がんそ						しめすへん **祖**
		祖	祖					9画 祖祖祖祖祖祖祖

教123ページ	まよう **迷**	道に迷みちにまよう 迷子まいご 迷わずまよわず進む						しんにょう **迷**
		迷	迷					9画 迷迷迷迷迷迷迷迷

👀 読んで覚えよう・

●…特別な読み方をする漢字

教123ページ	迷子まいご

❶ 読みがなを書きましょう。

20点(一つ4)

① 貧（　　　　）ぼうくじを引く。

② 基準（　　　　）をこえた結果。

③ 墓石（　　　　）をみがく。

④ 祖母（　　　　）の家に行く。

⑤ 迷子（　　　　）をなぐさめる。

2 あてはまる漢字を書きましょう。 80点(1つ10)

① □□しい者は強くなれ。

② □□でつなを引いてしまった。

③ 県大会の□□□□に進出する。

④ タオルで□□□のよごれをふき取る。

⑤ おばあちゃんの□□に花をそなえる。

⑥ □□と駅前へ買い物に行く。

⑦ 何を食べるか□□がまよう。

⑧ □□の女の子に道を教える。

きほんの
ドリル
24.
漢字を使おう4 (3)
注文の多い料理店 (1)

時間 15分
合かく80点
　　／100

答え 101ページ

サクッと
こたえ
あわせ

月　日

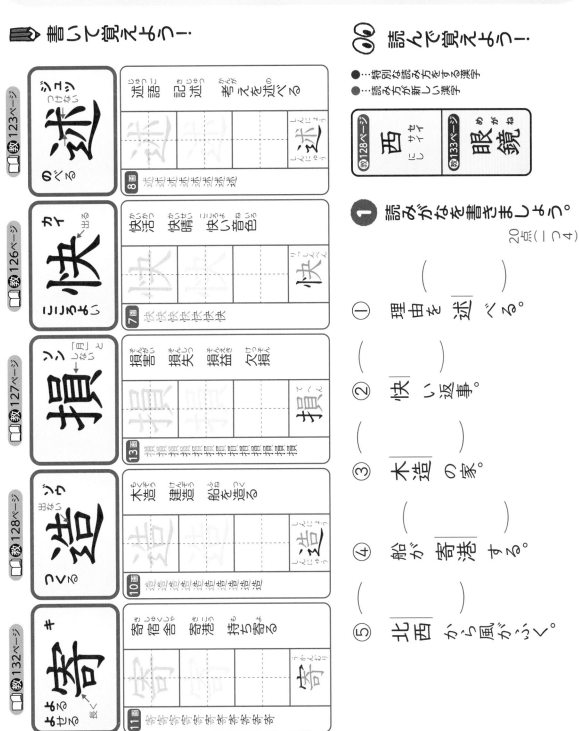

✏️ 書いて覚えよう・

📕教123ページ
ジュツ
つけない
述
のべる
8画
述述述述述述

じ　　　き
述語　記述
考えを述べる

📕教126ページ
カイ
出る
快
こころよい
7画
快快快快快

快活　快晴　快い音色

📕教127ページ
ソン
「月」ない
損
そこなう・そこねる
13画
損損損損損損損損損損損損損

損害　損失　損益　欠損

📕教128ページ
ゾウ
出ない
造
つくる
10画
造造造造造造造造造造

木造　建造　船を造る

📕教132ページ
キ
よる・よせる
長く
寄
11画
寄寄寄寄寄寄寄寄寄寄寄

寄宿舎　寄港　持ち寄る

👀 読んで覚えよう・

●…特別な読み方をする漢字
●…読み方が新しい漢字

📕128ページ
西
にし　セイ

📕133ページ
眼鏡
め　が　ね

1 読みがなを書きましょう。
20点(一つ4)

① 理由を 述 べる。
（　　　　　）

② 快 い返事。
（　　　　　）

③ 木 造 の家。
（　　　　　）

④ 船が 寄港 する。
（　　　　　）

⑤ 北 西 から風がふく。
（　　　　　）

➡️ うらのページに続くよ・

2 あてはまる漢字を書きましょう。 80点(1つ10)

① 母は車を運転するときに、□をかける。

② 文の主語と□□を答える問題。

③ □を少し右側によせる。

④ きれいに□□がさいている花だんで、ちょうがとんでいました。

⑤ 今日の天気は□□だ。

⑥ 日用品や衣類を□□する。

⑦ □□を考えて商売をする。

⑧ パレードで、始まりのあいずを□ばす。

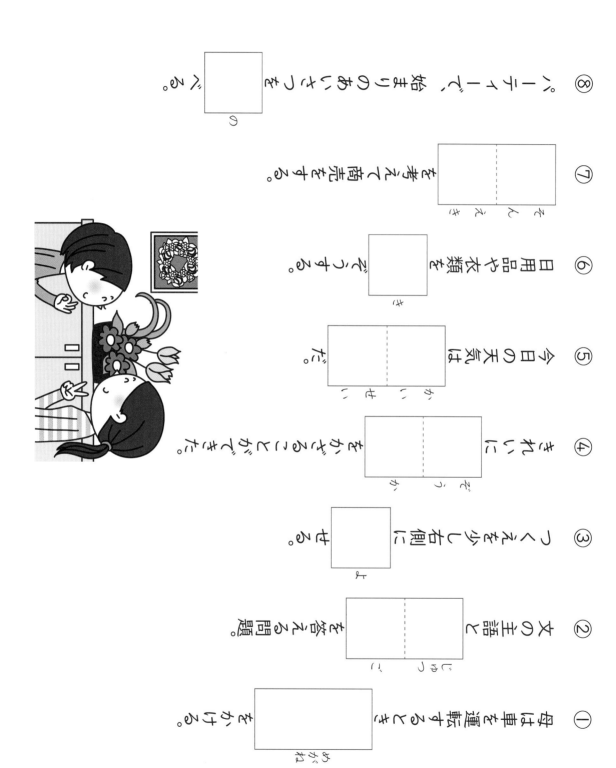

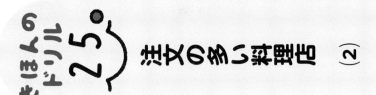

きほんドリル 25 注文の多い料理店 (2)

✏ 書いて覚えよう。

1 読みがなを書きましょう。

28点(一つ4)

① 非常 事態が起こる。

② かぜを 予防 する。

③ 気の 毒 に思う。

④ 責任 を負う。

⑤ 失敗を 責 める。

⑥ 約束を 破 る。

⑦ 人気の本を 読破 した。

ヒント ④「ふ(える)」は、「殖」「増」のどちらかに注意しましょう。

2 あてはまる漢字を書きましょう。

① 火事が起きて、□□□が出動する。（しょうぼうしゃ）

② □□にはげしく雨がふる。（ひじょう）

③ □□のある大きな仕事。（せきにん）

④ 新人選手が記録を□る。（やぶ）

⑤ とても長い小説を□□す。

⑥ 相手を□してもあやまるのはやめる。（せ）

⑦ 虫がまどから家に入ってくるのを□ぐ。（ふせ）

⑧ 転んですりむいた部分を、すぐに□□する。（しょうどく）

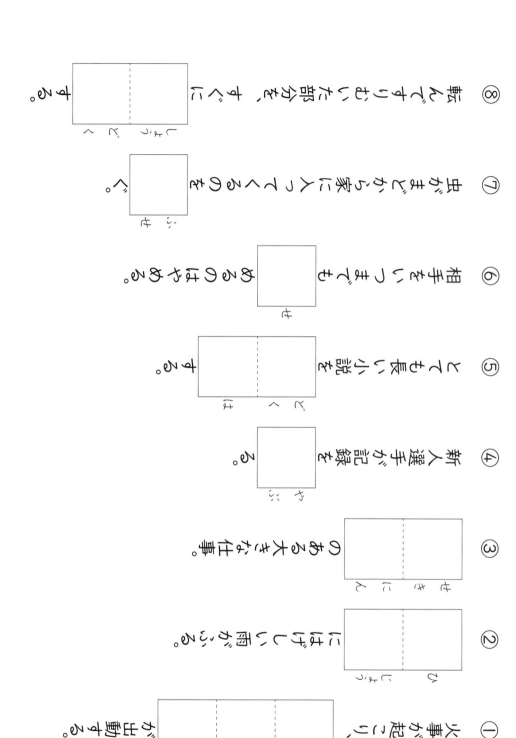

まとめドリル 26

注文の多い料理店
漢字を使おう5 (1) (3)

時間 15分
合かく80点
/100

答え 101ページ

サッとこたえ
あわせ

月　日

書いて覚えよう!

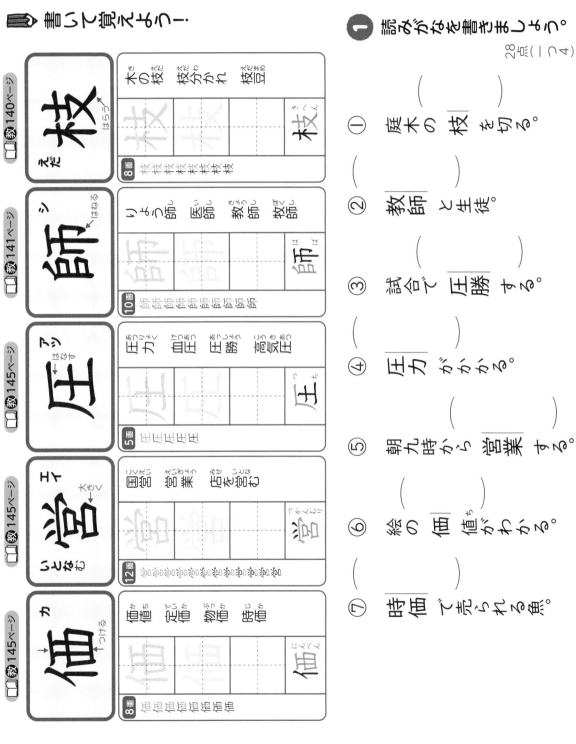

□教140ページ	枝 えだ はらう	木の枝 枝分かれ 枝豆 [8画] 枝枝枝枝枝				枝^{えだ}

1 読みがなを書きましょう。

28点(一つ4)

① 庭木の 枝 を 切る。（　　　）

② 教師 と 生徒。（　　　）

③ 試合で 圧勝 する。（　　　）

④ 圧力 が かかる。（　　　）

⑤ 朝九時から 営業 する。（　　　）

⑥ 絵の 価値 がわかる。（　　　）

⑦ 時価 で売られる魚。（　　　）

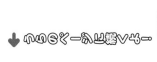

③⑥「な」、右の□に、画数などに注意しましょう。

⑧兄は経□に入っている。

⑦父は□として病院で働いている。

⑥日本より□の安い国。

⑤親子三代で旅館を□む。

④□の変化がはげしい天候。

③商品の□を調べる。

②父は毎日、朝と夜に□をしかしている。

①ゆうたの□を食べる。

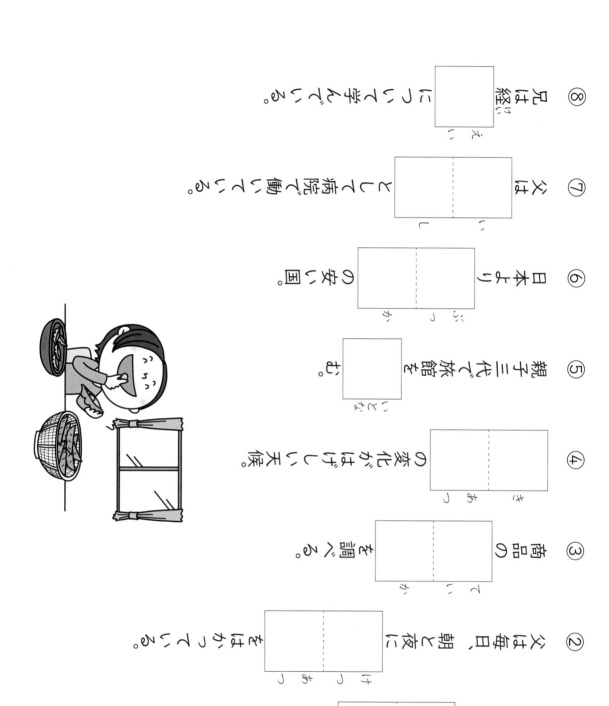

❷ あてはまる漢字を書きましょう。

72点(1つ9)

52

漢字を使おう5 ②
じゅく語を二つにわけよう。

時間 15分
合かく80点
／100
サッと
こたえ
あわせ
答え 101ページ
月　日

✏ 書いて覚えよう。

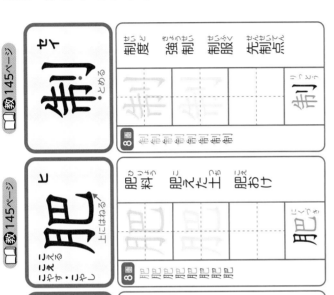

00 読んで覚えよう。

●…読み方が新しい漢字

教145ページ
米
ベイ・マイ
こめ

1 読みがなを書きましょう。
20点(一つ4)

① 新しい 制度。
（　　　　）

② 肥料 をまく。
（　　　　）

③ 旧式 のパソコン。
（　　　　）

④ 流れに 逆らう。
（　　　　）

⑤ 白米 を食べる。

「肥」にはいろいろな
送りがながあるね。

教科書 145〜147ページ

↓つぎのページに続くよ！

2 あてはまる漢字を書きましょう。

① サッカーの試合で □□□（けっしょうてん）を入れる。

② よく □（こ）えた土地で野菜を育てる。

③ □□（きんちょう）をおさえ、一歩ずつ前進する。

④ 事故の後 □（しょり）の作業が終わる。

⑤ 流れに □（さか）らって泳ぐ。

⑥ なかよし □□（きょうだい）と会う。

⑦ 新しい □□（せいひん）を買う。

⑧ 土に □□（ひりょう）を混ぜ、花を育てる。

80点（1つ10）

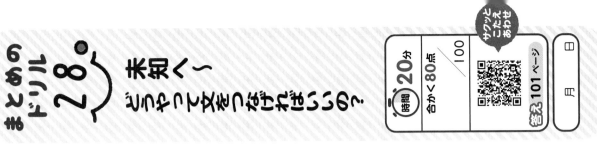

まとめ
ドリル
28

未知く〜
どうやって文をつなげればいいの？

時間 20分
合かく 80点
/100

サクッと
こたえ
あわせ

答え 101 ページ

月　日

1 読みがなを書きましょう。

48点(1つ4)

① 額（　　　）に手をあてて、熱が下がったか確かめる。

② 得点を重ねて試合に圧勝（　　　）した。

③ 迷子（　　　）を案内所に連れていく。

④ おじはレストランを営（　　　）んでいる。

⑤ 弟のうそを見破（　　　）るのは簡単だった。

⑥ 旧友（　　　）と会う約束をした。

⑦ 象（　　　）の群れが水辺におし寄（　　　）せる。

⑧ 破格（　　　）のねだんで売ると損（　　　）をする。

⑨ 順序（　　　）よく、疑問を解決（　　　）する。

2 あてはまる漢字を書きましょう。〔　〕にはひらがなを書きましょう。

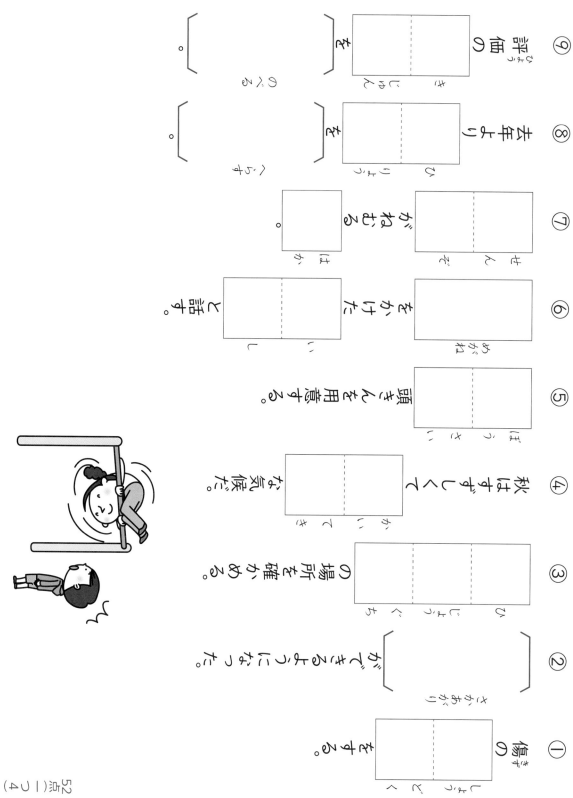

52点（1つ4）

① 傷(きず)の□□をする。
〔しょち〕

② □□〔　〕がさがるようになった。
〔きおん〕

③ □□□の場所を確(たし)かめる。
〔ひじょうぐち〕

④ 秋(あき)は□□□な気候(きこう)だ。
〔かいてき〕

⑤ □□□を用意(ようい)する。
〔ほうたい〕

⑥ □□をかけた□□と話(はな)す。

⑦ □□がねむる□。
〔せんぞ〕　〔はか〕

⑧ 去年(きょねん)より□□□を〔　　〕。

⑨ 評価(ひょうか)の□□を〔　　〕。

56

書いて覚えよう!

□数 150ページ	統 トウ 上にはねる	統計	統合	伝統	統治
					統一
	12画	統統統統統統統統統統統統			
□数 151ページ	粉 コ フン はなす こな	粉末	パン粉	粉薬を買う	
					小麦粉
	10画	粉粉粉粉粉粉粉粉			
□数 152ページ	輸 ユ とめる	輸入	輸出	輸送	運輸
					輸血
	16画	輸輸輸輸輸輸輸輸輸輸輸輸			
□数 152ページ	技 ギ はねる	技術	特技	陸上競技	
					技術
	7画	技技技技技			
□数 152ページ	術 ジュツ とめる	芸術	技術	美術館	
					手術
	11画	術術術術術術術術術術術			

1 読みがなを書きましょう。

28点(1つ4)

① 統計 調査の結果。 （ ）

② 粉薬 を水で飲む。 （ ）

③ 粉末 を水にとかす。 （ ）

④ パン粉 をまぶす。 （ ）

⑤ 野菜を 輸入 する。 （ ）

⑥ すぐれた 技術。 （ ）

⑦ 美しい 芸術 作品。 （ ）

2 あてはまる漢字を書きましょう。

① 複数の資料を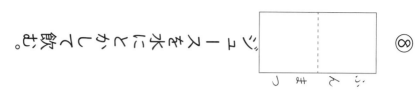して考える。

② 三種目の陸上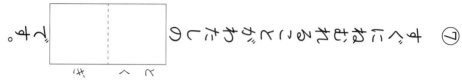に参加する。

③ コンサート会場まで楽器類をする。

④ 地元の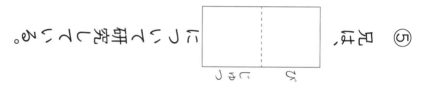行事に参加する。

⑤ 兄は、について研究している。

⑥ 母親が、赤ちゃんにミルクを飲ませる。

⑦ 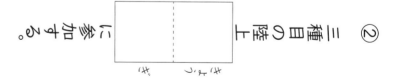のしかたがわかると、すべにむねです。

⑧ ジュースに水をたして飲む。

きほんのドリル
30

和の文化を受けつぐ
和の文化を発信しよう (2)

時間 15分
合かく80点
/100

サクッと
こたえ
あわせ

答え101ページ

月 日

📖 書いて覚えよう！

教科書 148〜168ページ

1 読みがなを書きましょう。

28点(一つ4)

① 両手で 支 える。（　　　）

② 小型 の船に乗る。（　　　）

③ 再来週 の予定。（　　　）

④ 賞味 期限 が切れる。（　　　）

⑤ 一人一個に 限 る。（　　　）

⑥ 効果 がある。（　　　）

⑦ よく 効 くお守り。（　　　）

2 あてはまる漢字を書きましょう。

① トカゲの　　□□（けいしき）　しっぽがはえる。
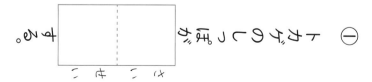

② 駅前に銀行の　□□（してん）　がある。

③ 服を作るための　□□□（かたがみ）　を用意する。
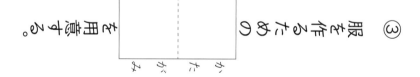

④ 道具を　□□（じゆうに）　に使う。
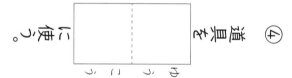

⑤ □□（ぐうぜん）　出会う。
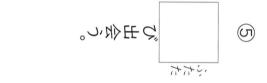

⑥ スポートの　□□（きげん）　が切れた。

⑦ ファンタジー小説の　□□□（てんけいてき）　的な作品。

⑧ 家族や友達が、　□□（ささえ）　えになる。
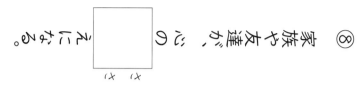

サッとこたえあわせ

時間 15分
合かく 80点 ／100

答え 101ページ

月　日

📖 書いて覚えよう！

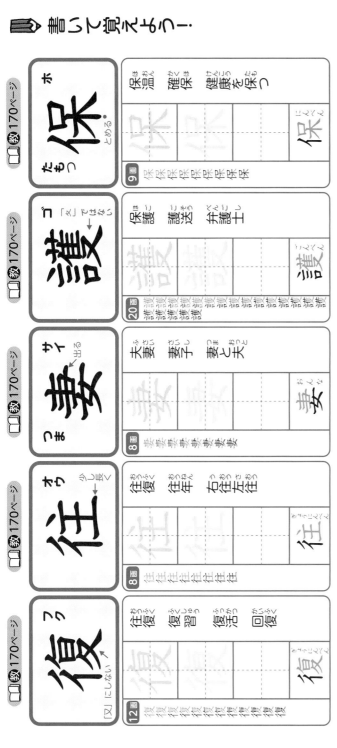

保 ホ／たもつ／とめる
📖 教170ページ

保温
確保
健康を保つ
9画 保保保保保保

護 ゴ
「又」ではない
📖 教170ページ

保護
護送
弁護士
20画 護護護…

妻 サイ／つま
出る
📖 教170ページ

夫妻
妻子
妻と夫
8画 妻妻妻妻妻妻妻

往 オウ
少し長く
📖 教170ページ

往復
往年
右往左往
8画 往往往往往

復 フク
「又」にしない
📖 教170ページ

往復
復習
復活
回復
12画 復復復復復復復復復

🖋 1 読みがなを書きましょう。
28点(一つ4)

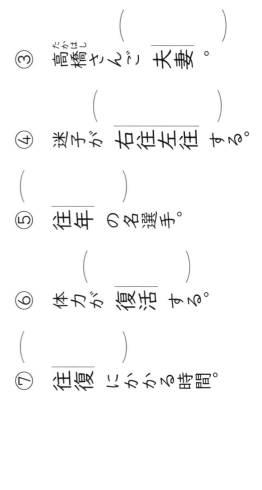

① 平和を 保 つ。（　　　）

② 動物を 保護 する。（　　　）

③ 高橋さんご 夫妻 。（　　　）

④ 迷子が 右往左往 する。（　　　）

⑤ 往年 の名選手。（　　　）

⑥ 体力が 復活 する。（　　　）

⑦ 往復 にかかる時間。（　　　）

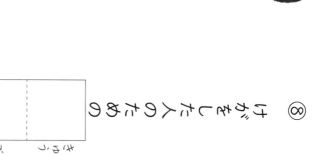 ③「なっ」の部首「イ」になるように注意しましょう。

❷ あてはまる漢字を書きましょう。 72点(1つ6)

① ぐっすりねむって、体力を□□する。（かい／ふく）

② 将来の夢は、弁□□になることだ。（ご／し）
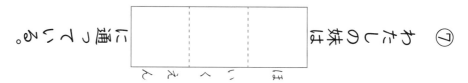

③ 駅前の通りは、車の□□がはげしい。（おう／らい）
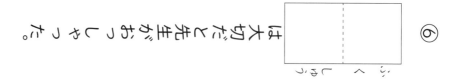

④ 部屋の温度を一定に□つ。（たも）

⑤ □の地元に足を運ぶ。（し）

⑥ □□は大切だと先生がおっしゃった。（こん／き）

⑦ わたしの妹は□□□に通っている。（ほ／いく／えん）

⑧ けがをした人のための□□活動。（きゅう／じょ）
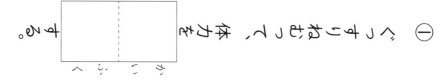

62

熟語の構成と意味 (2)
提案します、一週間チャレンジ (1)

📖 書いて覚えよう！

□教170ページ	コウ 耕 たがやす	耕具 農耕 畑を耕す 10画
□教170ページ	コウ 講	受講 講義 講演 講話 17画
□教170ページ	ザイ 罪 つみ	犯罪 罪悪感 罪をつぐなう 13画
□教171ページ	ネン 燃 もえる もやす もす	燃料 再燃 紙が燃える 16画
□教172ページ	テイ 提 さげる	提示 提案 提出 提起 12画

① 読みがなを書きましょう。

28点(1つ4)

① 耕具 を 使う。

② 田畑を 耕 す。

③ 講演 を 聞く。

④ 犯 罪 を 許さない。

⑤ 燃 えさかる火。

⑥ 人気が 再燃 する。

⑦ 問いかけの 提示 。

↓うらのページに続くよ！

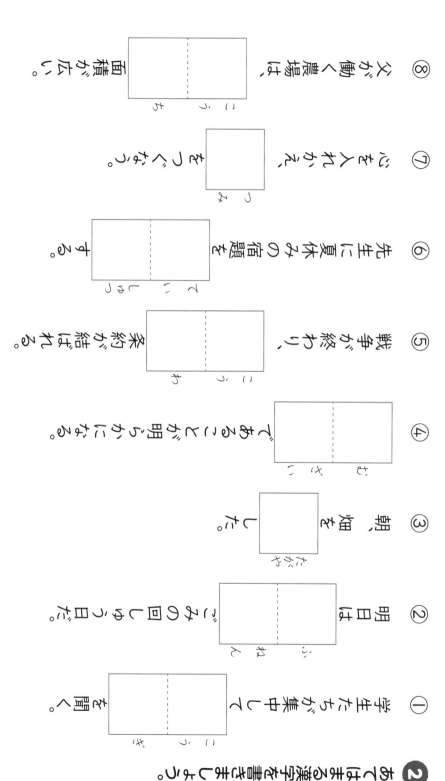

2 あてはまる漢字を書きましょう。

① 学生たちが集中して［　　］を聞く。

② 明日は［　　］ゴミの回しゅう日だ。

③ 朝、畑を［　　］した。

④ ［　　］ことがあるとくらいから明らかになる。

⑤ 戦争が終わり、［　　］条約が結ばれる。

⑥ 先生に夏休みの宿題を［　　］する。

⑦ だを入れかえて、［　　］をしくなう。

⑧ 父が働く農場は、［　　］面積が広い。

きほんドリル 33
提案します！　一週間チャレンジ
和語・漢語・外来語 (1) (2)

時間15分
合かく80点
／100

サクッとこたえ
あわせ

答え102ページ

月　日

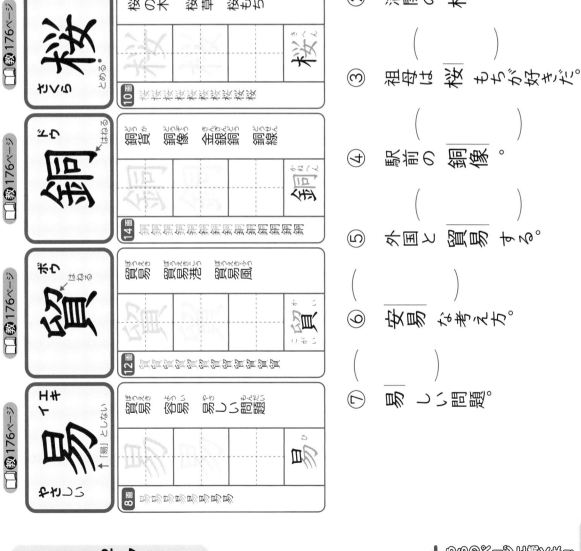

📝 書いて覚えよう…

教173ページ	ショウ 賞 つける	銀賞　受賞　賞状　賞金				15画
教176ページ	さくら 桜 とめる	桜の木　桜草　桜もち				10画
教176ページ	ドウ 銅 ←はねる	銅貨　銅像　金銀銅　銅線				14画
教176ページ	ボウ 貿 はねる	貿易　貿易港　貿易風				12画
教176ページ	エキ イ 易 ←「昜」とちがい やさしい	貿易　容易　易しい問題				8画

1 読みがなを書きましょう。

28点(1つ4)

① 作文で銀賞を取る。
（　　　　）

② 満開の桜。
（　　　　）

③ 祖母は桜もちが好きだ。
（　　　　）

④ 駅前の銅像。
（　　　　）

⑤ 外国と貿易する。
（　　　　）

⑥ 安易な考え方。
（　　　　）

⑦ 易しい問題。
（　　　　）

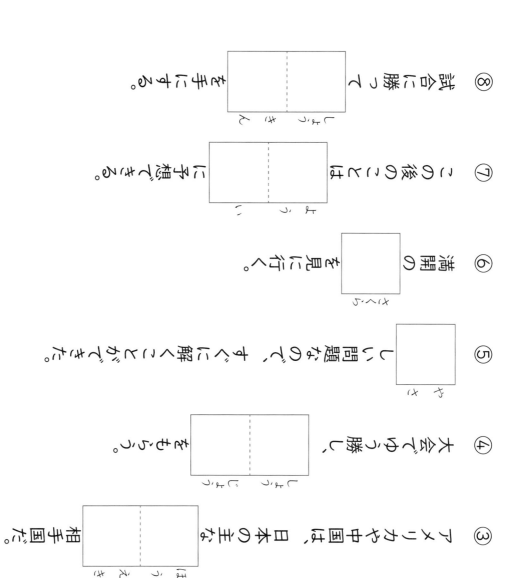

2 あてはまる漢字を書きなさい。

72点(1つ9)

① オリンピックで □ メダルを勝ちとる。

② 外国の □□ のケンリョウ。

③ アメリカや中国は、日本の主な □□ 相手国だ。

④ 大会でゆう勝し、□□ をもらう。

⑤ □ しい問題なので、すらすら解くことができた。

⑥ 満開の □ を見に行く。

⑦ この後のことは □□ に予想できる。

⑧ 試合に勝って □□ を手にする。

きほんドリル 34

和語・漢語・外来語
大造じいさんとがん (1) (2)

時間 15分
合かく 80点
/100

サクッとこたえあわせ
答え 102ページ

月　日

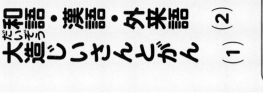

✏️ 書いて覚えよう！

📖 教177ページ

規 キ
上にはねる

定じょう規ぎ	規き定てい	規き制せい	規き則そく
規みる			

11画 規規規規規規規規規規規

📖 教177ページ

則 ソク
はねる

法ほう則そく	反はん則そく	原げん則そく	規き則そく
則りっとう			

9画 則則則則則則則則則

📖 教180ページ

率 リツ
ひきいる
とめる

群むれを率いる	効こう率りつ	確かく率りつ
率げん		

11画 率率率率率率率率率率率

📖 教180ページ

領 リョウ
とめる

横おう領りょう	要よう領りょう	領りょう土ど	頭とう領りょう
領おおがい			

14画 領領領領領領領領領領領領領領

📖 教183ページ

張 チョウ
はる
はねる

意い地じを張る	張ちょう力りょく	出しゅっ張ちょう
張ゆみへん		

11画 張張張張張張張張張張張

1 読みがなを書きましょう。
28点(一つ4)

① 規則 正しい生活。
（　　　　　）

② 反則 をしてはいけない。
（　　　　　）

③ チームを 率 いる。
（　　　　　）

④ 効率 のよい作業。
（　　　　　）

⑤ 他国の 領土 。
（　　　　　）

⑥ 糸を強く 張 る。
（　　　　　）

⑦ 意見を 主張 する。
（　　　　　）

2 あてはまる漢字を書きましょう。

72点 (1つ9)

①
で、予想が当たる。

②
工事のため、交通　　が行われる。

③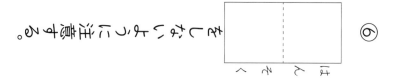
へ勉強を進める。

④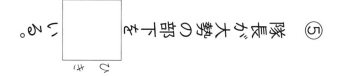
で外国へ行く父を見送る。

⑤
隊長が大勢の部下を　　いる。

⑥
をしないように注意する。

⑦
あ　　を見つける。

⑧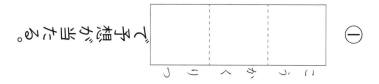
キャンプで広場に　　トイレを。

きほんドリル

35

大造じいさんとがん (2)

時間15分
合かく80点
/100

サクッとこたえあわせ

答え102ページ

月 日

✏️ 書いて覚えよう・

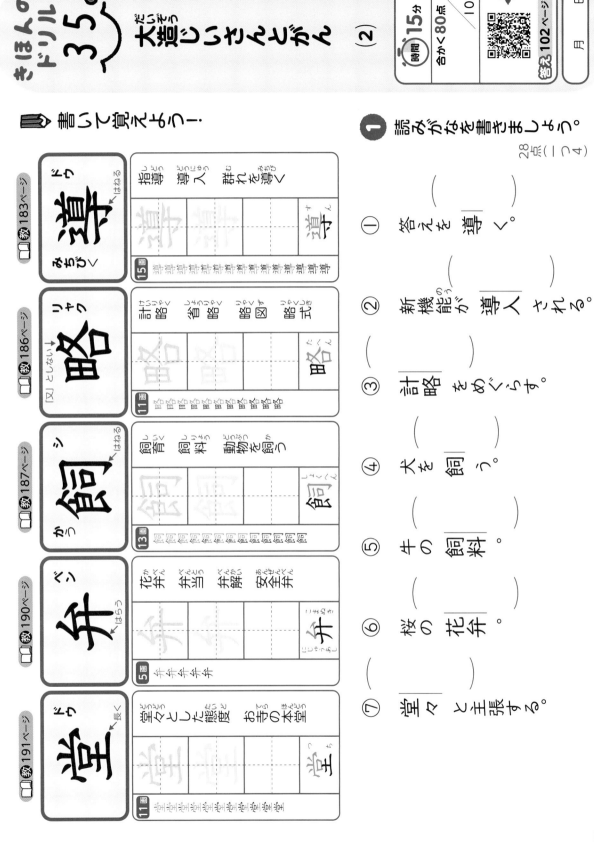

📘教183ページ

ドウ
はねる
みちび(く)

導

指導
導入
群れを導く

15画

📘教186ページ

リャク
図としない

略

計略
省略
略図
略式

11画

📘教187ページ

シ
はねる
か(う)

飼

飼育
飼料
動物を飼う

13画

📘教190ページ

ベン

弁

花弁
弁当
弁解
安全弁

5画

📘教191ページ

ドウ
長く

堂

堂々とした態度
お寺の本堂

11画

1 読みがなを書きましょう。

28点(1つ4)

① 答えを 導 く。（　　）

② 新機能が 導入 される。（　　）

③ 計略 をめぐらす。（　　）

④ 犬を 飼 う。（　　）

⑤ 牛の 飼料 。（　　）

⑥ 桜の 花弁 。（　　）

⑦ 堂々 と主張する。（　　）

↓うらのページに続くよ→

2 あてはまる漢字を書きましょう。

72点（1つ6）

① 庭で犬を□が、姉の夢だ。
（か）

② 兄が妹に算数の勉強の□□をする。
（て・ほど）

③ 説明する必要のない部分は□□する。
（しょう・りゃく）

④ かれは人前でも□□としている。
（どう・どう）

⑤ 将来は、動物園の□□□になりたい。
（し・い・く・いん）

⑥ 係員が観客を出口まで□く。
（みち・びく）

⑦ お寺の□□を見学する。
（ほん・どう）

⑧ 遠足で、母の手作り□□□を食べる。
（べ・ん・とう）

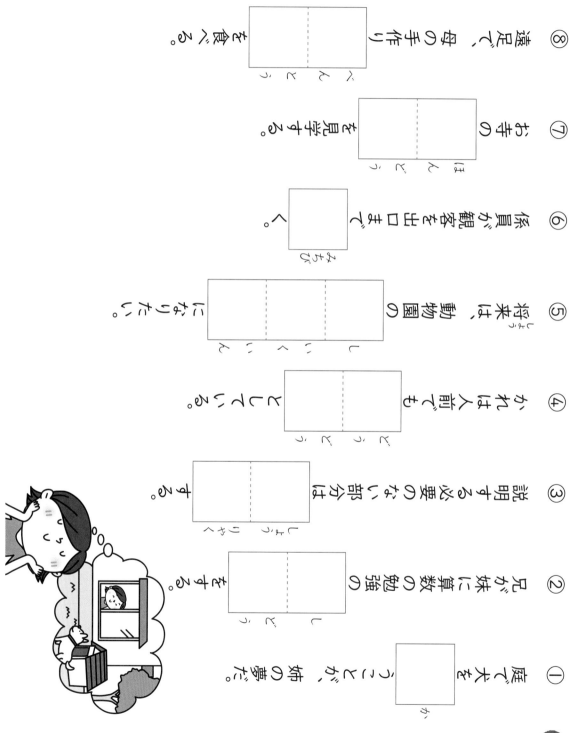

70

時間 15分
合かく80点
／100

サクッと
こたえ
あわせ

答え 102ページ

月 日

書いて覚えよう！

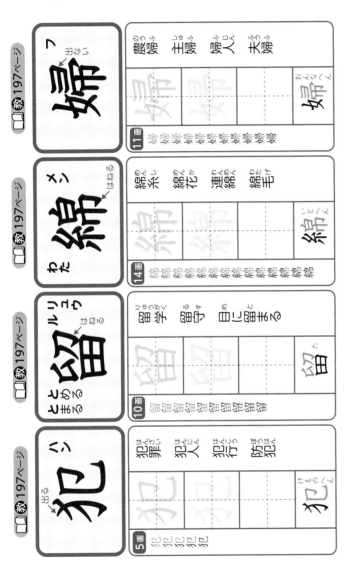

教197ページ

婦
フ

農婦 | 主婦 | 婦人 | 夫婦

11画 婦婦婦婦婦婦婦婦婦

婦人
ふじん

教197ページ

綿
メン
わた
←はねる

綿糸 | 綿花 | 連綿 | 綿毛

14画 綿綿綿綿綿綿綿綿綿綿綿綿綿綿

綿毛
わたげ

教197ページ

留
リュウ
ル
とめる
とまる
←はねる

留学 | 留守 | 目に留まる

10画 留留留留留留留留留留

留田
ためる

教197ページ

犯
ハン
←出る
おかす

犯罪 | 犯人 | 犯行 | 防犯

5画 犯犯犯犯犯

犯人
はんにん

読んで覚えよう！

● …読み方が新しい漢字 = …送りがな

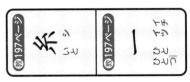

教197ページ
糸
シ

教197ページ
一
イチ
ひと(つ)

1 読みがなを書きましょう。

20点(一つ4)

① 親切な 農婦。
（　　　　　）

② 綿糸 をつむぐ。
（　　　　　）

③ 海外に 留学 する。
（　　　　　）

④ 犯罪 を許さない。
（　　　　　）

⑤ 単一 な行動をとる。
（　　　　　）

「留」の右上を「カ」と書か
ないように気をつけましょう。

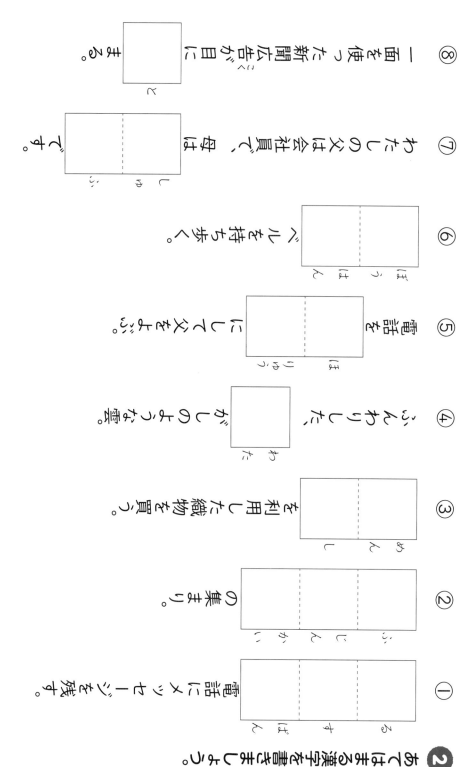

2 あてはまる漢字を書きましょう。

① □□□□電話にメッセージを残す。
（る・す・ば・ん）

② □□□□□の集まり。
（ふ・じ・ん・か・い）

③ □□□を利用した織物を買う。
（め・ん・し）

④ ぶん□□わたしのような雲。
（わ・た）

⑤ 電話を□□□してください。
（ほ・り・ゆ・う）

⑥ □□□ボールを持ち歩く。
（ほ・い・ほ・ん）

⑦ わたしの父は会社員で、母は□□です。
（し・ゆ・ふ）

⑧ 一面を使った新聞広告が目に□まる。
（と）

きほんのドリル 37 漢字を使おう7

時間15分　合かく80点　／100
サクッとこたえあわせ
答え102ページ
月　日

書いて覚えよう！

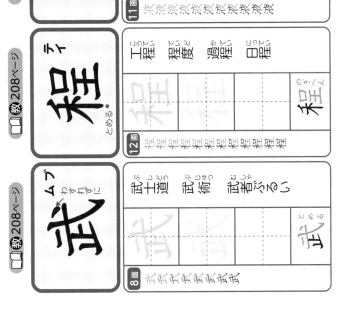

教208ページ	液 エキ たてに	液体 えきたい／液状 えきじょう／血液 けつえき／原液 げんえき　11画
教208ページ	程 テイ とめる	工程 こうてい／程度 ていど／過程 かてい／日程 にってい　12画
教208ページ	武 ブ ム わすれずに	武士道 ぶしどう／武術 ぶじゅつ／武者ぶるい むしゃぶるい　8画

読んで覚えよう！

●…特別な読み方をする漢字
●…読み方が新しい漢字　＝…送りがな

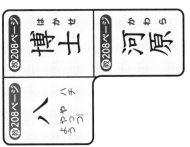

教208ページ	博士 はかせ
教208ページ	河原 かわら
教208ページ	八 ハチ や チョウ やっつ よう

教科書 208ページ

---

1 読みがなを書きましょう。

28点(1つ4)

①　液体 と固体。
（　　　　　　）

②　おかし作りの 工程。
（　　　　　　）

③　時代げきの 武士。
（　　　　　　）

④　武者 ぶるいをする。
（　　　　　　）

⑤　博士 の日課は実験だ。
（　　　　　　）

⑥　河原 を散歩する。
（　　　　　　）

⑦　人生は七転び 八起 きだ。
（　　　　　　）

② あてはまる漢字を書きましょう。

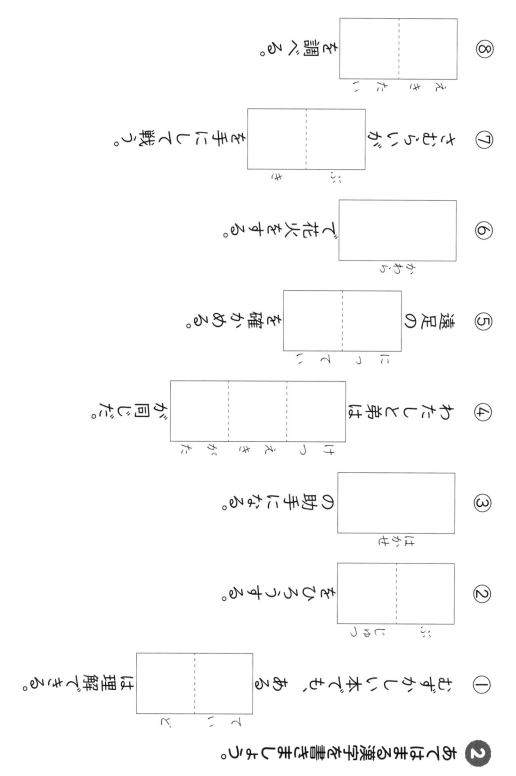

① はげ［　　］ます、ある［　　］ていは理解できる。

② ［　ぶ　しょう　］をかいてる。

③ ［　は　　］の助手になる。

④ わたしと弟は［　け　し　き　が　た　］がおなじだ。

⑤ 遠足の［　に　ってい　］を確かめる。

⑥ ［　かな　］しいできごとです。

⑦ ［　ぶ　き　］を手につて戦う。

⑧ ［　え　き　たい　］を調べる。

和の文化を受けつぐ〜漢字を使おう7

1 読みがなを書きましょう。　48点(1つ4)

① 家から駅まで 往復 する。（　　　）

② 指導力 のあるかんとく。（　　　）

③ 自由に使える時間は 限 られている。（　　　）

④ この地は 貿易港 として栄えた。（　　　）

⑤ 河原 でお 弁当 を食べた。（　　　）（　　　）

⑥ 子ねこを 保護 する。（　　　）

⑦ 飼 い犬の 頭 に 桜 の花びらがついていた。（　　　）（　　　）

⑧ 将来は海外 留学 の機会を手にしたい。（　　　）

⑨ 技術 は人々の生活を 支 えている。（　　　）（　　　）

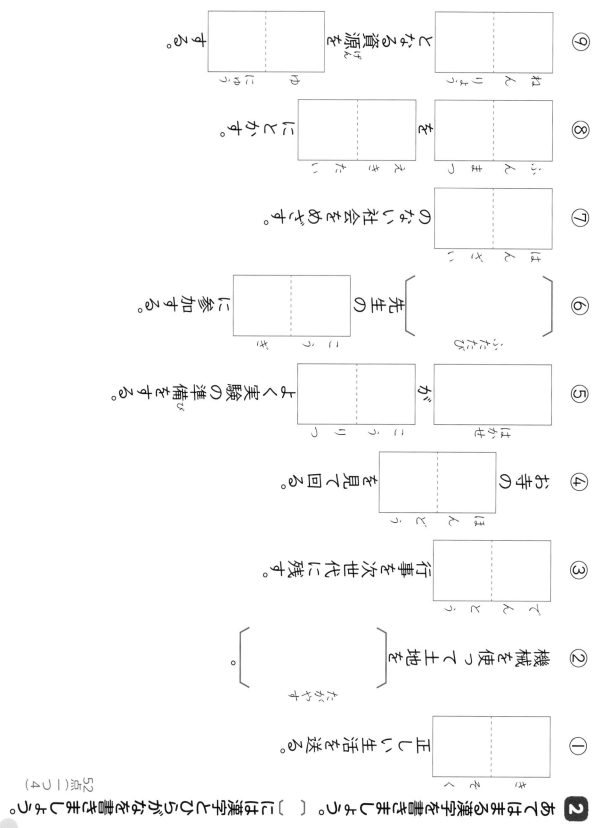

2 あてはまる漢字を書きましょう。〔 〕には漢字とひらがなを書きましょう。

52点(1つ4)

① □□（き・そ・く）正しい生活を送る。

② 機械を使って土地を〔たがやす〕。

③ □□□（で・ん・とう）行事を次世代に残す。

④ お寺の□□（ほ・とけ）を見て回る。

⑤ □□（は・か・せ）が、□□へ実験の準備をする。

⑥ □□先生の□□（き・い）に参加する。

⑦ □□（は・ん・い）のない社会を求める。

⑧ □□を□□にたくわえる。

⑨ □□（ね・ん・りょう）となる資源を□□（ゆ・にゅう）する。

冬休みの
ホームテスト

39

九月から十二月に習った
漢字と言葉

時間 20分　合かく80点　/100

答え 102ページ

月　日

① 読みがなを書きましょう。

16点(1つ2)

① 海外に 出張 する。　（　　　）

② 自分の 略歴 を書く。　（　　　）

③ 速度を 制限 する。　（　　　）

④ 事実を 提示 する。　（　　　）

⑤ 綿糸 を織る。　（　　　）

⑥ 銅賞 に選ばれる。　（　　　）

⑦ 旧式 の機械。　（　　　）

⑧ 精米 機を利用する。　（　　　）

② あてはまる漢字を書きましょう。〔　〕には漢字とひらがなを書きましょう。

24点(1つ3)

① もくぞう　□□ 建築。

② 〔かたよった〕 な性格。

③ せきにん　□□ を果たす。

④ ぶじゅつ　□□ をきわめる。

⑤ うさぎの し□□□。

⑥ 成功する かくりつ □□。

⑦ しゅうがく　□□ 旅行の思い出。

⑧ ゆうこう　□□ 期限。

5

次の熟語の□には、打ち消しの意味を表す「無」「非」「未」「不」のどれかがあてはまります。□にあてはまる正しいものを書きましょう。

24点(1つ3)

① □常識　　④ □表情　　⑦ □安定

② □都合　　⑤ □知数　　⑧ □目的

③ □解決　　⑥ □公式

4

次の各文には、使い方のまちがっている漢字が一字ずつあります。その漢字を書き出し、正しい漢字を書きましょう。

24点(1つ3)

① 情報を通信技術は、わたしたちの生活に欠かせないものになっている。

□ → □

② 指導者が、みんなの主張や意見を見とどけ、考えをまとめるためのチームを和せた。調べた。

□ → □

3

次の各組の漢字の□には同じ部分が入ります。その部分を書きましょう。

12点(1つ3)

① 家感　子方　病院　□

② 軽決　青情熱　生格　□

③ 清潔　夜体　成重　□

④ 燃料　電丁　先失　□

きほんのドリル 40

いにしえの人のえがく世界
漢字の「画と書き」だからできること（1）

時間15分
合かく80点
/100

サワッとこたえあわせ

答え102ページ

月　日

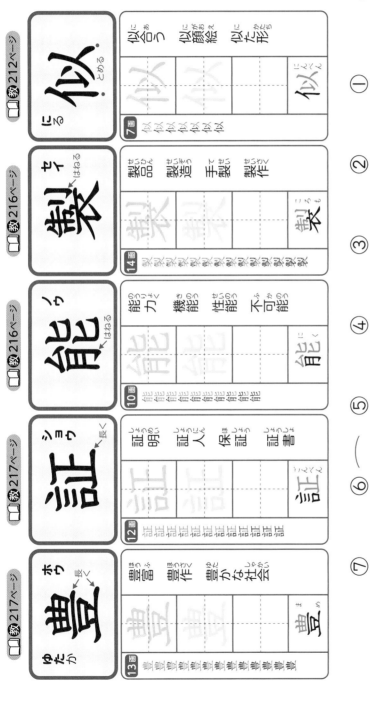

✏️ 書いて覚えよう。

1 読みがなを書きましょう。
28点（1つ4）

① ぼうしが 似合 う。（　　　）

② 形が 似 ている。（　　　）

③ ゴム 製品 を売る。（　　　）

④ 個人の 能力 。（　　　）

⑤ 家電の 保証書 。（　　　）

⑥ 豊富 な資源。（　　　）

⑦ 緑の 豊 かな土地。（　　　）

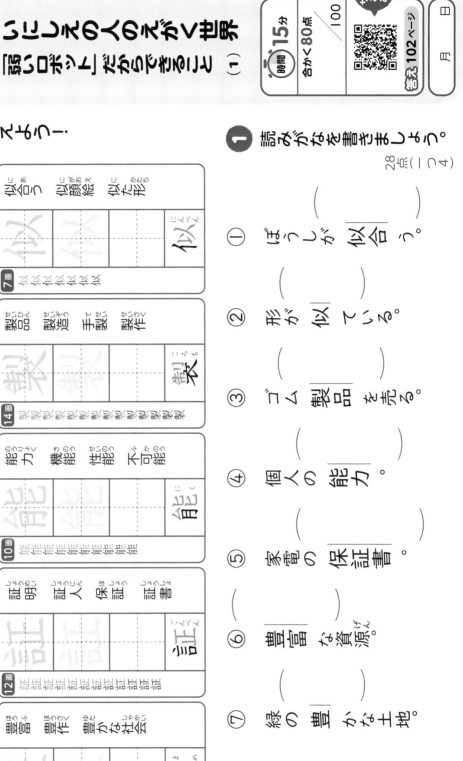

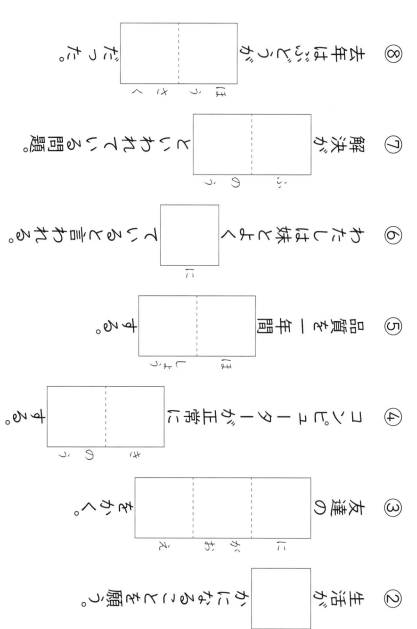

2 あてはまる漢字を書きましょう。

① パンを[　□　□　]する工場。（せい・ぞう）

② 生活が[　□　]になることを願う。（ゆ・た）

③ 友達の[　□　□　□　]をかへ。（に・が・お・え）

④ コンピューターが正常に[　□　□　]する。（き・の・う）

⑤ 品質を一年間[　□　□　]する。（ほ・しょう）

⑥ わたしは妹とよく[　□　]ていると言われる。（に）

⑦ 解決が[　□　□　]といわれている問題。（こ・ん・ぶ）

⑧ 去年はぶどうが[　□　□　]だった。（ほ・う・さ・く）

きほんの
ドリル

41

「弱いロボット」だからできること (2)
漢字を使おう8 (1)

時間 15分
合かく80点
/100

サクッと
こたえ
あわせ

答え 103ページ

月 日

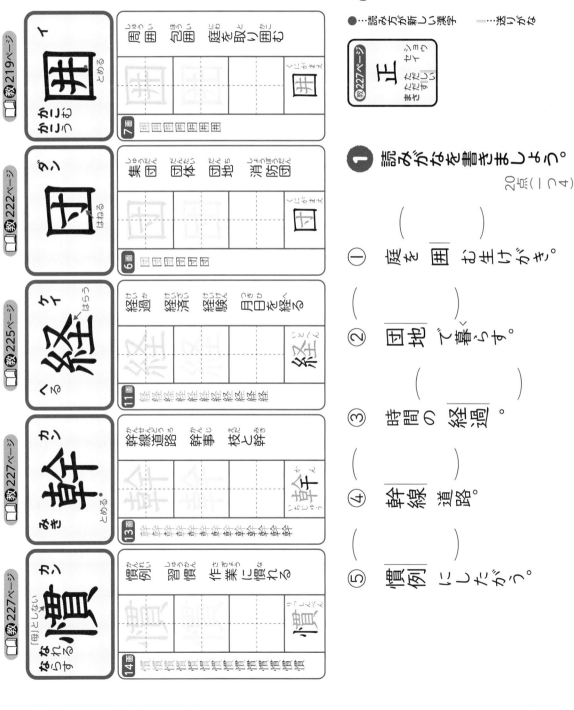

書いて覚えよう・

読んで覚えよう・

●…読み方が新しい漢字　＝…送りがな

教219ページ	囲 イ かこむ かこう	周囲 包囲 庭を取り囲む				囲 くにがまえ 7画 囲囲囲囲囲囲囲
教222ページ	団 ダン はねる	集団 団体 団地 消防団				団 くにがまえ 6画 団団団団団
教225ページ	経 ケイ へる はらう	経過 経済 経験 月日を経る				経 いとへん 11画 経経経経経経経経経経経
教227ページ	幹 カン みき とめる	幹線道路 幹事 校と幹				幹 いちじゅう 13画 幹幹幹幹幹幹幹幹幹幹幹幹幹
教227ページ	慣 カン なれる ならす 例としない	慣例 習慣 作業に慣れる				慣 りっしんべん 14画 慣慣慣慣慣慣慣慣慣慣慣

教227ページ
正 セイ ショウ ただしい ただす まさに

1 読みがなを書きましょう。
20点(1つ4)

① 庭を囲む生けがき。

② 団地で暮らす。

③ 時間の経過。

④ 幹線道路。

⑤ 慣例にしたがう。

「れ」、「や」、「ゆ」は、形が似ているので書くときに注意しましょう。

2 あてはまる漢字を書きましょう。 80点(一つ10)

① □□を積んで一人前になる。(けい・けん)

② 起きてすぐに顔をあらうのが□□だ。(しゅう・かん)

③ □□で南にわたる鳥。(しゅう・だん)

④ みんなで□ノートを□む。(か)

⑤ 百万年の時を□る。(へ)

⑥ □□行動をさける。(だん・たい)

⑦ □□□に乗って東京へ行く。(しん・かん・せん)

⑧ 軍隊が建物を□□する。(ほう・い)

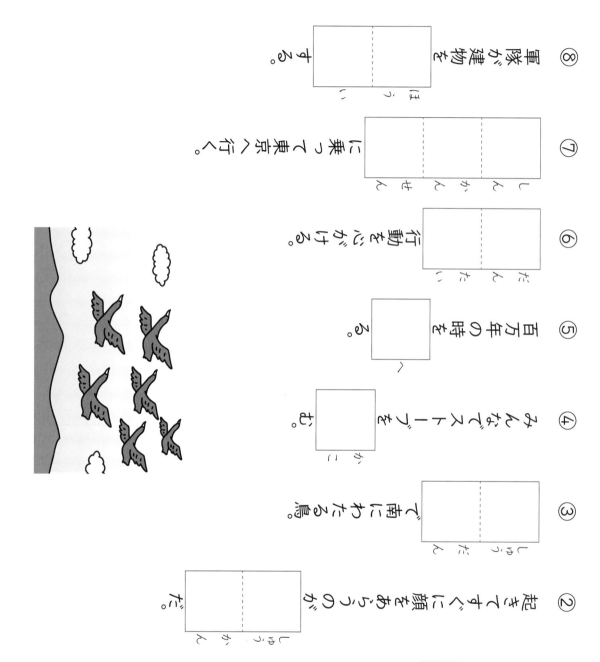

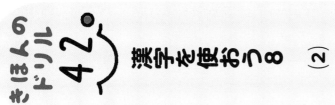

📝 書いて覚えよう!

教227ページ	検 ケン 出ない	検査 けんさ	検挙 けんきょ	点検 てんけん	検証 けんしょう
					検 けん
	12画 検検検検検検検検検検検検				

教227ページ	築 チク きず(く)	建築 けんちく	構築 こうちく	家を築く いえをきずく	
					築 きず(き)
	16画 築築築築築築築築築築築築築築築築				

教227ページ	鉱 コウ	鉱物 こうぶつ	鉱石 こうせき	金鉱 きんこう	鉱山 こうざん
					金鉱 きんこう
	13画 鉱鉱鉱鉱鉱鉱鉱鉱鉱鉱鉱鉱鉱				

教227ページ	脈 ミャク	鉱脈 こうみゃく	山脈 さんみゃく	動脈 どうみゃく	人脈 じんみゃく
					脈 みゃく
	10画 脈脈脈脈脈脈脈脈脈脈				

教227ページ	航 コウ	航海 こうかい	航空 こうくう	出航 しゅっこう	
	たてに				航 おう
	10画 航航航航航航航航航航				

👀 読んで覚えよう!

●…読み方が新しい漢字

教227ページ	顔 ガン かお

1 読みがなを書きましょう。
20点(1つ4)

① 水質を 検査 する。
（　　　　　　　）

② 鉄橋を 築 く。
（　　　　　　　）

③ 鉱脈 をさがす。
（　　　　　　　）

④ 船が 出航 する。
（　　　　　　　）

⑤ 顔面 がほてる。
（　　　　　　　）

2 あてはまる漢字を書きましょう。

① □□ で大きな荷物を送る。
（こうつう）

② □□ の安全を願う。
（こうつう）

③ 世界で最も大きい木造 □□□ を見学する。
（けん・ちく・ぶつ）

④ 病院で □ を測る。
（たいおん）

⑤ ダイヤモンドは最も美しい □□ だ。
（こう・ぶつ）

⑥ 非常用の持ち出しバッグを □□ する。
（てん・けん）

⑦ 小高いおかの上に、大きな城を □ く。
（きず）

⑧ 雪におおわれたアルプス □□ 。
（さん・みゃく）

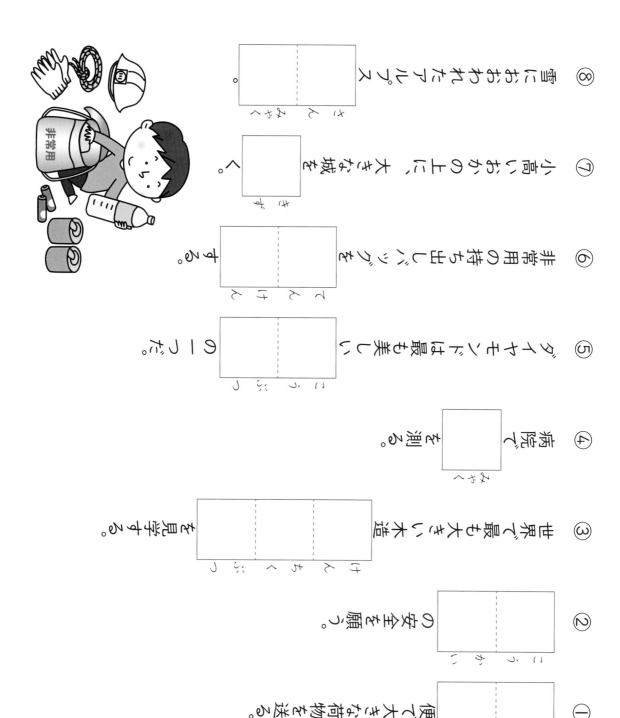

80点（1つ10）

〜にしえの人のえがく世界〜
漢字を使おう8

時間 20分
合かく80点
/100
サクッと
こたえ
あわせ
答え 103ページ
月 日

1 読みがなを書きましょう。

48点(1つ4)

① 性能 のすぐれたパソコンを使う。
（　　　　　）

② 顔料 はさまざまなものに使われている。
（　　　　　）

③ 正夢 と予知夢のちがいを調べる。
（　　　　　）

④ 鉱山 からめずらしい物質がとれた。
（　　　　　）

⑤ 出航 後、いくつかの港を 経 て大阪に着いた。
（　　　　　）　　　　　（　　　　　）

⑥ 慣例 にしたがって行動する。
（　　　　　）

⑦ 点検 の結果、安全だと 証明 された。
（　　　　　）　　　　（　　　　　）

⑧ 新しい技術で鉄橋を 築 く。
（　　　　　）

⑨ 将来は、豊 かな自然に 囲 まれた土地で暮らしたい。
（　　　　　）（　　　　　）

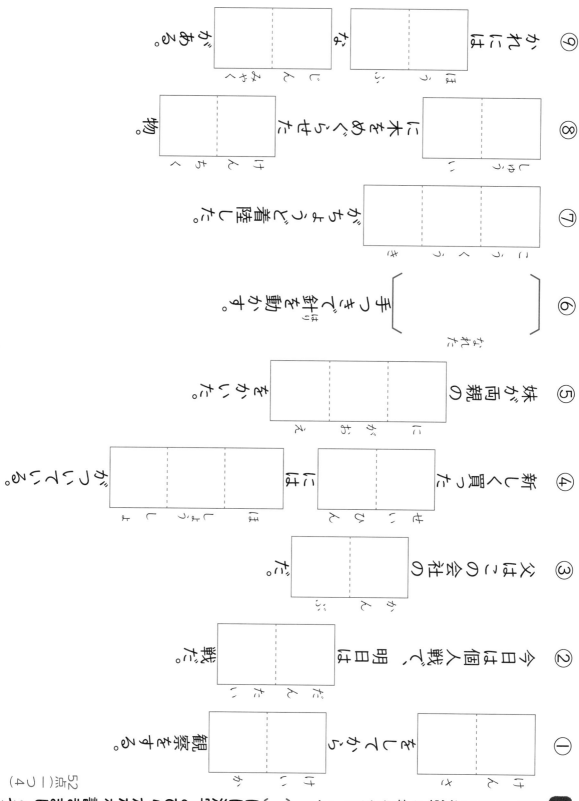

2 あてはまる漢字を書きましょう。〔 〕には漢字とひらがなを書きましょう。　52点(4×□)

① □□（けん□）してから□□を観察する。

② 今日は個人戦で、明日は□□（だんたい）戦だ。

③ 父はこの会社の□□（かんぶ）だ。

④ 新しく買った□□（せいひん）には□□□（ほしょうしょ）がついている。

⑤ 妹が両親の□□□（にがおえ）をかいた。

⑥ 〔□□（なれた）〕手つきで針を動かす。

⑦ □□□（ひこうき）がちょうど着陸した。

⑧ □□（しきち）に木をめぐらせた□□□（けんちく）物。

⑨ かれには□□（ほうふ）な□□□（けいけん）がある。

資料を見て考えたことを話そう
漢字を使おう9 (1)

時間 15分
合かく80点
／100
サクッと
こたえ
あわせ
答え 103ページ
月 日

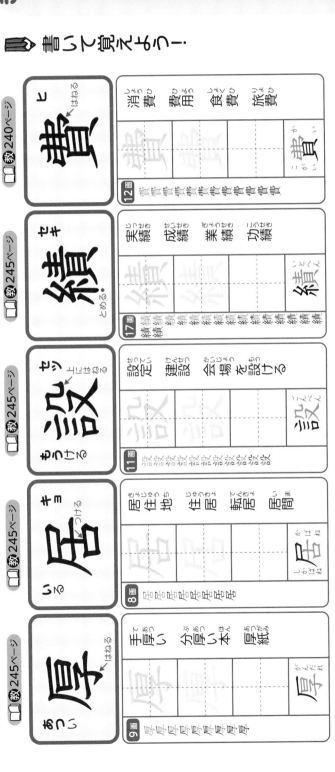

✍ 書いて覚えよう!

□教240ページ 費 ヒ・はねる

消費 費用 食費 旅費

12画 費費費費費費費費費費費

□教245ページ 績 セキ・とめる

実績 成績 業績 功績

17画 績績績績績績績績績績績績績績績績績

□教245ページ 設 セツ・もうける・上にはねる

設定 建設 会場を設ける

11画 設設設設設設設設設設設

□教245ページ 居 キョ・つける・いる

居住地 住居 転居 居間

8画 居居居居居居居居

□教245ページ 厚 コウ・あつい・はねる

手厚い 分厚い 厚紙

9画 厚厚厚厚厚厚厚厚厚

1 読みがなを書きましょう。

28点(1つ4)

① 消費者 の意見。
（　　　　　）

② 実績 を重ねる。
（　　　　　）

③ 設定 を考える。
（　　　　　）

④ 委員会を 設 ける。
（　　　　　）

⑤ 居住地 を移す。
（　　　　　）

⑥ 居間 でくつろぐ。
（　　　　　）

⑦ 手 厚 くもてなす。
（　　　　　）

↓うらのページに続くよ！

2 あてはまる漢字を書きましょう。 72点（1つ9）

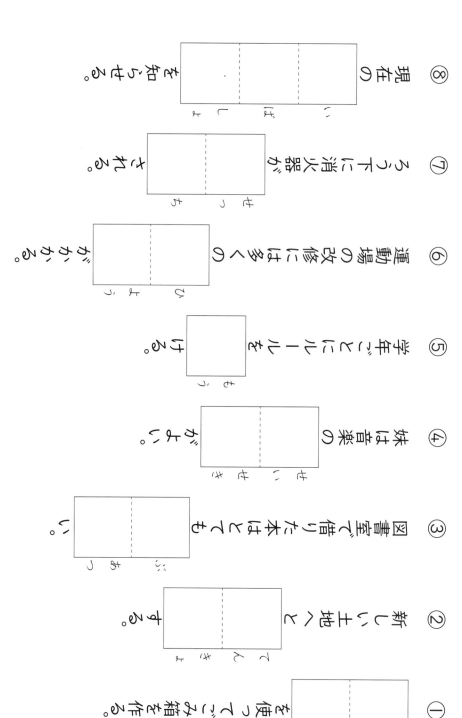

① あ□□みを使ってごみ箱を作る。（あ・し・が・み）

② 新しい土地と□□する。（せ・い・て・ん）

③ 図書室で借りた本はとても□□しい。（ぶ・あ・つ）

④ 妹は音楽の□□□がよい。（せ・ん・し・き）

⑤ 学年ごとに□□ルールをもうける。（も・い）

⑥ 運動場の改修には多くの□□かかる。（ひ・よ・う）

⑦ ろうかに消火器が□□される。（せ・つ・ち）

⑧ 現在の□□□を知らせる。（い・は・し・よ）

手塚治虫 (1)　漢字を使おう (2)

✍ 書いて覚えよう！

1 読みがなを書きましょう。　28点(1つ4)

① 暴力 を用いない。

② 多少の差を 許容 する。

③ 失敗を 許 す。

④ 法律を 可決 する。

⑤ 感謝 の気持ち。

⑥ こん虫 採集 をする。

⑦ 会議で決を 採 る。

④「に(る)」は「取」にならって漢字を書きましょう。

2 あてはまる漢字を書きましょう。

① ＿＿で店のかん板がたおれる。

② 道具の使用を＿する。

③ ＿＿でごみを分ける。

④ 山中に人がすんでいた。

⑤ カメラの使用を＿＿する。

⑥ ＿れる犬をだきかかえる。

⑦ ＿＿しかった相手に＿＿する。

⑧ 姉の意見を＿＿する。

72
（9つ1）
90

書いて覚えよう

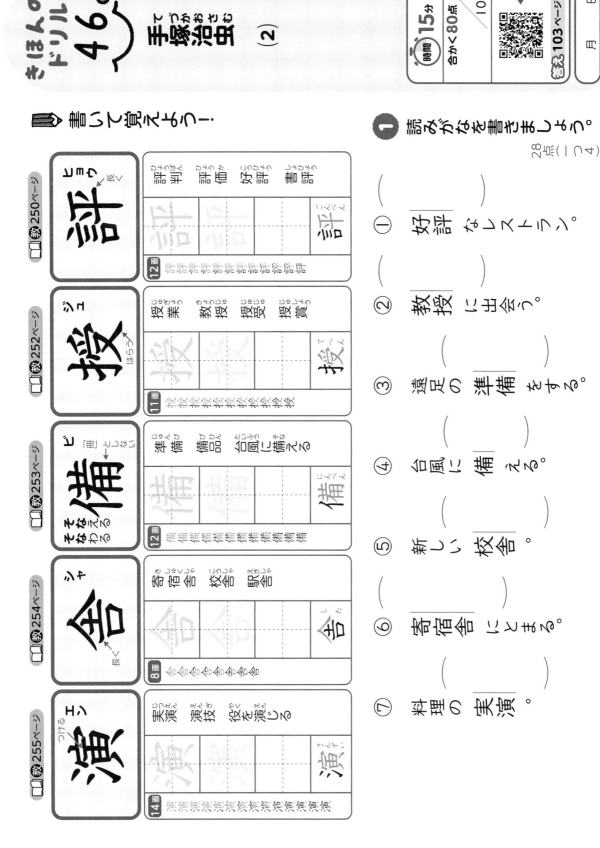

評（ヒョウ）教250ページ	評判　評価　好評　書評	12画
授（ジュ・さずける/さずかる）教252ページ	授業　教授　授受　授賞	11画
備（ビ・そなえる/そなわる）教253ページ	準備　備品　台風に備える	12画
舎（シャ）教254ページ	寄宿舎　校舎　駅舎	8画
演（エン・つける）教255ページ	実演　演技　役を演じる	14画

❶ 読みがなを書きましょう。

28点（1つ4）

① 好評（　　　　）なレストラン。

② 教授（　　　　）に出会う。

③ 遠足の準備（　　　　）をする。

④ 台風に備（　　　　）える。

⑤ 新しい校舎（　　　　）。

⑥ 寄宿舎（　　　　）にとまる。

⑦ 料理の実演（　　　　）。

②「ふえる」、④「じ」、⑥のつの横線の本数に注意しましょう。

2 あてはまる漢字を書きましょう。

① この本は、[　　]のよい本ですか。（ひょうばん）

② まどをしめて、台風に[　]える。（そな）

③ 広場で、政治家が[　　]せつする。（えん）

④ 災害用に[　　]の水を買う。（よび）

⑤ かいた絵画が高い[　　]かを得る。（ひょう）

⑥ [　　]で作った風車にかわれた。（じしゃく）

⑦ 静かな古い[　　]で電車を待つ。（えきしゃ）

⑧ 好きな役者が[　　]してくる。（しゅつえん）

漢字を使おう10（1）

時間 15分
合かく80点
／100
サクッとこたえあわせ
答え 103ページ
月　日

📖 書いて覚えよう！

□数 263ページ

税 ゼイ
上にはねる

税金（ぜいきん）　税額（ぜいがく）　課税（かぜい）　減税（げんぜい）

12画　税税税税税税税税税

税（のぜい）

□数 263ページ

余 ヨ／あまる／あます
はねる

余計（よけい）　余分（よぶん）　予算（よさん）が余る（あまる）

7画　余余余余余余余

余（ひとり）

□数 263ページ

素 ソ／ス
とめる

二酸化炭素（にさんかたんそ）　素材（そざい）　質素（しっそ）　要素（ようそ）

10画　素素素素素素素素

素（そ）

□数 263ページ

財 ザイ／サイ
はねる

財産（ざいさん）　財力（ざいりょく）　文化財（ぶんかざい）

10画　財財財財財財財財

財（ざい）

□数 263ページ

貯 チョ
はねる

貯金（ちょきん）　貯水池（ちょすいち）

12画　貯貯貯貯貯貯貯貯貯貯

貯（ちょく）

1 読みがなを書きましょう。

28点（1つ4）

① 税金 をおさめる。
（　　　　）

② 余計 な心配。
（　　　　）

③ 余 りが出る。
（　　　　）

④ 二酸化炭素 が増える。
（　　　　）

⑤ 素材 にこだわる。
（　　　　）

⑥ 財産 を分ける。
（　　　　）

⑦ お年玉を 貯金 する。
（　　　　）

↓うらのページに続くよ！

2 あてはまる漢字を書きましょう。

72点（一つ9）

①輸入品に［かぜい］される。

②［あま］りがでないように、ケーキを切り分ける。

③重要［ぶんかざい］に指定されている建物。

④マンションの屋上にある［ちょすい］タンク。

⑤友達が遊びに来るので、［よぶん］に食事を作る。

⑥［さんそ］について学ぶ。

⑦新しい自転車を買うために、お年玉を［ちょきん］する。

⑧ぜいたくはせず、［しっそ］な生活を心がける。

ヒント ③「ざい」の右のつくりは飛び出るところに注意しましょう。

きほんのドリル 48

漢字を使おう10 (2)
わたしの文章見本帳

✏️ 書いて覚えよう！

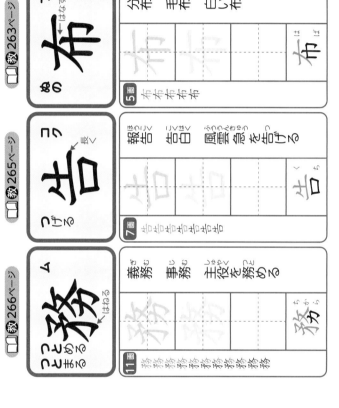

😊 読んで覚えよう！

●…読み方が新しい漢字　＝…送りがな

1 読みがなを書きましょう。

28点(1つ4)

① 大きな 布 を 切る。

② 毛布 をかぶる。

③ 実験結果の 報告。

④ 主役を 務 める。

⑤ 義務 を果たす。

⑥ 社 を建てる。

⑦ 組織 の一員。

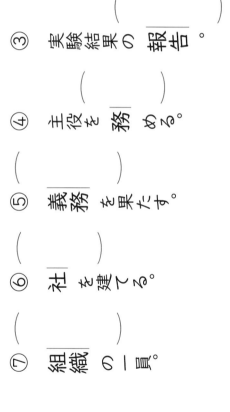

同じ読みの「し(める)」は、「数」「初」と書きません。使い分けに注意しましょう。

2 あてはまる漢字を書きましょう。 72点(1つ9)

① 大きな□□の□員になる。

② 正午を□げるチャイムが鳴る。

③ 母は駅前の□□□で働いている。

④ おばあさんの□□な□を見る。

⑤ 新聞の一面に、商品の□□□を出す。

⑥ 一年間、学級委員を□める。

⑦ 竹林に囲まれただ大きな□。

⑧ 日本全国に□□している植物。

一月から三月に習った 漢字と言葉

時間 20分　合かく80点　／100

答え103ページ

月　日

① 読みがなを書きましょう。　16点(1つ2)

① 心から謝罪する。（　）

② 社を建てる。（　）

③ 家を新築する。（　）

④ 遠足の準備をする。（　）

⑤ 好評を博する。（　）

⑥ 城を包囲する。（　）

⑦ 組織に加わる。（　）

⑧ 幹事に指名される。（　）

② あてはまる漢字を書きましょう。〔　〕には漢字とひらがなを書きましょう。　24点(1つ3)

① き・む　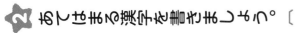　を果たす。

② 一本〔おさまる〕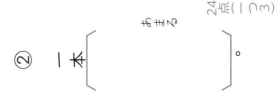。

③ しゅ・び　　をおさえる。

④ き・よ・か　　を求める。

⑤ 機械の　せ・い・ち　。

⑥ だ・こ・ちゃ・ん　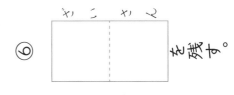　を残す。

⑦ かれは　の・う・べ・ん　　だ。

⑧ せ・き・せ・き　　が上がる。

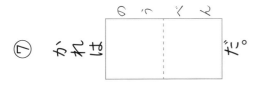

⑤ 次の漢字の総画数を漢字で書きましょう。また、意味を表す部分のよび名（部首名）を〔　〕から選んで記号を書きましょう。(1つ3点) 12点

〔
ア にに
イ てのうへん
オ
ウ しがね
エ りじゅんぺん
〕

③ 似（　　・　画）　　① 授（　　・　画）

税　　居

④ 税（　　・　画）　　② 居（　　・　画）

---

④ 次の上と下の――線の熟語は同じ読み方をします。□に入る漢字を書きましょう。(1つ4点) 24点

⑤ 照明―身分□書　　③ 新刊本―新□線　　① 防風林―□風雨

⑥ 一週間―生活□習　　④ 自然公園―□講会　　② 最終―□虫集

---

③ 次のそれぞれの□に入る同じ訓読みの漢字を、〔　〕から選んで書きましょう。(1つ4点) 24点

①
ウ 今年の夏は□い。
イ おゆが□い。
ア ふろの湯が□い。
〔 あつい　熱　暑　厚 〕

②
ウ 枝の長さを□る。
イ 荷物の重さを□る。
ア 通学の時間を□る。
〔 はかる　測　重　計 〕

●ドリルやホームテストが終わったら、答え合わせをしましょう。
●まちがっていたら、かならずもう一度やり直しましょう。

左段

1 漢字のふく習 1〜2ページ
❶ ①ほく ②りょうり ③むせん ④しひょう ⑤けい ⑥かんこう ⑦こじみず ⑧しず
❷ ①試験 ②栄えた ③漁場 ④労働 ⑤法 ⑥食器 ⑦陸地 ⑧議長
❸ ①ち ②お ③うめ ④や ⑤しから ⑥はつね ⑦てんき ⑧あらそ ⑨がいとう ⑩ぐんたい
❹ ①府 ②博 ③辞典 ④食塩 ⑤刷る ⑥参り ⑦置く ⑧浅い

2 きほんのドリル 3〜4ページ
❶ ①せいかく ②こじん ③た ④よ ⑤みょうじ
❷ ①確実 ②確 ③絶・現 ④現実 ⑤個室 ⑥複数 ⑦絶望 ⑧四

3 きほんのドリル 5〜6ページ
❶ ①こく ②あくむ ③じちゅう ④じょう ⑤そうぞう ⑥ひさ ⑦なや
❷ ①句読点 ②夢中 ③夢 ④久 ⑤久 ⑥感情 ⑦情 ⑧現像

4 きほんのドリル 7〜8ページ
❶ ①ふ ②ぞうえき ③さか ④ちょうから ⑤えいせい ⑥こき ⑦しゅえい
❷ ①増水 ②利益 ③有益 ④県境 ⑤国境 ⑥正義 ⑦衛星 ⑧義

5 きほんのドリル 9〜10ページ
❶ ①ちゃくがん ②きゅうきゅう ③てい ④おう ⑤しりょう ⑥すく ⑦こた

右段

❷ ①老眼鏡 ②救 ③救助 ④停車 ⑤対応 ⑥応 ⑦物資 ⑧資材

6 きほんのドリル 11〜12ページ
❶ ①げんざい ②ちょうさ ③ほう ④とくてん ⑤じっさい ⑥あ ⑦え
❷ ①実在 ②調査 ③査定 ④予報 ⑤得点 ⑥得 ⑦情報 ⑧実際

7 きほんのドリル 13〜14ページ
❶ ①しつもん ②こうじ ③そうり ④ようき ⑤けん ⑥うつ ⑦しけわ
❷ ①地質 ②移住 ③総合 ④美容院 ⑤険 ⑥内容 ⑦険 ⑧移

8 きほんのドリル 15〜16ページ
❶ ①しぞく ②しき ③こん ④ちらがら ⑤げんいん ⑥ま ⑦こ
❷ ①金属 ②力士 ③混合 ④混 ⑤天災 ⑥因果 ⑦勝因 ⑧所属

9 きほんのドリル 17〜18ページ
❶ ①きょうみ ②か ③せいしゅう ④せつ ⑤せつ ⑥つか ⑦こうせい
❷ ①興味 ②興 ③過 ④過去 ⑤性質 ⑥夜行性 ⑦接続 ⑧直接

10 まとめのドリル 19〜20ページ
❶ ①しつもん ②りえき ③がんこう ④り ⑤そうぞう ⑥きり ⑦ふくすう・しつ ⑧かい・げんざい ⑨たし・じょうほう
❷ ①容器 ②移動 ③衛星 ④想像 ⑤個性・応 ⑥士気 ⑦調査・興味

16。きほんのドリル 31〜32ページ

1
① しゅう
② ちがい
③ じたく

2
① 賛同
② 招
③ 職場
④ 任命
⑤ 仏像
⑥ 賛同
⑦ 同
⑧ 招集

15。きほんのドリル 29〜30ページ

1
① れきし
② みらい
③ えいきゅう
④ しがん
⑤ れきだい
⑥ けしき

2
① 歴史
② 未来
③ 永久
④ 志願
⑤ 歴代
⑥ 景色
⑦ 永
⑧ 景色

14。きほんのドリル 27〜28ページ

1
① せいき
② ずはん
③ はんが
④ せいど
⑤ じょうせい
⑥ せいせい

2
① 世紀
② 図版
③ 版画
④ 精度
⑤ 情勢
⑥ 勢
⑦ 精
⑧ 組織

13。きほんのドリル 25〜26ページ

1
① ひ
② じょうしき
③ きちょう
④ ごうい
⑤ かこう
⑥ ひれい

2
① 比
② 常識
③ 貴重
④ 貴重
⑤ 比
⑥ 比例
⑦ 河口
⑧ 構成

12。きほんのドリル 23〜24ページ

1
① ざつ
② ひょうじ
③ きんし
④ さんみ
⑤ どく

2
① 雑談
② 表示
③ 禁止
④ 禁止
⑤ 雑談
⑥ 雑木林
⑦ 酸味
⑧ 独

11。きほんのドリル 21〜22ページ

参考
2
⑤「応」の訓読みは「こた(える)」です。よびかけや問題に対する場合は「応える」、期待や働きに対する場合は「こたえる」と書きます。

⑧ 火災・原因
⑨ 救急・環境
県境

20。夏休みのホームテスト 39〜40ページ

参考
2
⑨「職」「識」と書くこともあります。

1
① はたせ
② よ
③ それ
④ かり
⑤ おさめ
⑥ あずけ
⑦ いとな
⑧ じょうぎ
⑨ あらた

2
① 編集
② 炭酸
③ 精神
④ 歴史
⑤ 測定
⑥ 織り
⑦ 事故
⑧ 政治・仏教
⑨ 比べる・喜ぶ・状態

19。まとめのドリル 37〜38ページ

1
① じけん
② こい
③ ちょうかん
④ よ
⑤ せいけん
⑥ へんせい
⑦ へんしゅう
⑧ あ

2
① 事件
② 故意
③ 温故
④ 政治
⑤ 政見
⑥ 編成
⑦ 編集
⑧ 刊行

18。きほんのドリル 35〜36ページ

1
① はんだん
② はんめい
③ へいきん
④ よそく
⑤ じょうやく
⑥ ねんちょう

2
① 判断
② 判明
③ 明
④ 予測
⑤ 条約
⑥ 常識
⑦ 判
⑧ 均等

17。きほんのドリル 33〜34ページ

1
① かり
② ころ
③ さつ
④ せいたい
⑤ じょうたい
⑥ ゆだん
⑦ あぶら
⑧ がい

2
① 仮定
② 殺
③ 殺風景
④ 生態
⑤ 状態
⑥ 断
⑦ 油断
⑧ 外

5
① 旬
② 容
③ 質
④ 応

4
① 側 ← 測
② 職 ← 識
③ 説 ← 接

3
① エ
② ウ
③ ウ
④ ア
⑤ イ
⑥ ウ
⑦ ア
⑧ エ

2
① たしか
② よ
③ それ
④ けわしい
⑤ きんとう
⑥ えいじゅう
⑦ じ
⑧ ちょうかん

kanji:
① 独特
② 保険
③ 独特
④ 複雑
⑤ 均等
⑥ 永住
⑦ 辞
⑧ 朝刊
応答

102

⑥暴　⑦謝罪　⑧採用

41 きほんのドリル　81~82ページ

❶ ①かこ　②だんち　③けいか
　④かんせん　⑤かんれい
❷ ①経験　②習慣　③集団　④囲　⑤経
　⑥団体　⑦新幹線　⑧包囲

46 きほんのドリル　91~92ページ

❶ ①こうひょう　②きょうじゅ
　③じゅんび　④そな　⑤こうしゃ
　⑥きゅうしゃ　⑦じつえん
❷ ①評判　②備　③演説　④予備　⑤評価
　⑥授業　⑦駅舎　⑧出演

42 きほんのドリル　83~84ページ

❶ ①けんさ　②きず　③こうみゃく
　④しゅこう　⑤がんめん
❷ ①航空　②航海　③建築物　④脈
　⑤鉱物　⑥点検　⑦築　⑧山脈

47 きほんのドリル　93~94ページ

❶ ①ぜいきん　②よけい　③あま
　④にゃんかんそ　⑤そさい
　⑥ぎんざん　⑦ちょきん
❷ ①課税　②余　③文化財　④貯水
　⑤余分　⑥酸素　⑦貯金　⑧質素

43 まとめのドリル　85~86ページ

❶ ①せいのう　②がんりょう　③まさめ
　④こうさん　⑤しゅこう・く
　⑥かんれい　⑦てんけん・しょうめい
　⑧きず　⑨ゆた・かこ
❷ ①検査・経過　②団体　③幹部
　④製品・保証書　⑤似顔絵　⑥慣れた
　⑦航空機　⑧周囲・建築　⑨豊富・人脈

48 きほんのドリル　95~96ページ

❶ ①ぬの　②もうふ　③ほうこく　④こと
　⑤ぎむ　⑥やしろ　⑦そしき
❷ ①組織　②告　③事務所　④布　⑤広告
　⑥務　⑦社　⑧分布

考え方

❶ ⑥「慣例」とはくり返し行われていること・しきたり・ならわしのこと。
❷ ①「険査」「験査」と書くとあやまりです。同じ読み方をする漢字、漢字のつくりが同じものは、使い分けができるようにしましょう。

49 学年末のホームテスト　97~98ページ

⭐❶ ①しさん　②やしろ　③しんちく
　④じゅんび　⑤こうひょう　⑥ほうこく
　⑦そしき　⑧かんじ
⭐❷ ①義務　②余る　③出費　④許可
　⑤設置　⑥財産　⑦能弁　⑧成績
⭐❸ ①ア熱　イ暑　ウ厚
　②ア計　イ量　ウ測
⭐❹ ①暴　②採　③幹　④演　⑤証　⑥慣
⭐❺ ①十一・オ　②八・ウ　③七・ア
　④十二・イ

44 きほんのドリル　87~88ページ

❶ ①しょうひしゃ　②じこせい
　③せってい　④もう　⑤きょうつう
　⑥こま　⑦てあつ
❷ ①厚紙　②転居　③分厚　④成績　⑤設
　⑥費用　⑦設置　⑧居場所

考え方

⭐❸ ①「熱い」…温度がとても高い様子を表すときや、感情が高まっているときに使います。熱いお茶・熱い視線を送る、など。反対のことばは「冷たい」。
「暑い」…気温がとても高い様子を表すときに使います。暑い部屋・今年の夏は暑い、など。反対のことばは「寒い」。す

45 きほんのドリル　89~90ページ

❶ ①ぼうりょく　②きょか　③ゆる
　④かこ　⑤かんじゃ　⑥たいしゅつ
　⑦と
❷ ①暴風　②許　③可燃　④採　⑤許可

調べる。
使う。
「測」…長さ・深さ・高さ・広さなどを調べるときに使う道具（ものさし・はかり）をあらわす。
「量」…道具（てんびん・ますなど）を使い、物の量（重さ）や容積を調べる。
② 「計」…時間や数を調べる。反対の言葉は「測る」ではなく、受ける。

「厚い」…物に対して厚みが強い様子。板・雲・氷・まゆなどの厚さがある様子をあらわす。反対の言葉は「うすい」。